教子有方

——妈妈送给孩子的100个故事

凌子谦　编著

中国长安出版社

教子有方——妈妈送给孩子的100个故事

图书在版编目（CIP）数据

教子有方：妈妈送给孩子的100个故事 / 凌子谦编著. -- 北京：中国长安出版社，2014.5

ISBN 978-7-5107-0718-6

Ⅰ. ①教… Ⅱ. ①凌… Ⅲ. ①故事课－学前教育－教学参考资料 Ⅳ. ①G613.3

中国版本图书馆CIP数据核字（2014）第097461号

教子有方：妈妈送给孩子的100个故事

凌子谦 编著

出版： 中国长安出版社
社址： 北京市东城区北池子大街14号（100006）
网址： http://www.ccapress.com
邮箱： capress@163.com
发行： 中国长安出版社
电话：（010）85099947 85099948
印刷： 北京时捷印刷有限公司
开本： 170 mm × 240 mm 16开
印张： 14.25
字数： 160千字
版本： 2014年5月第1版 2014年5月第1次印刷

书号： ISBN 978-7-5107-0718-6
定价： 32.00元

前言

美国一项政府研究表明，如果家长每天给孩子读书、讲故事，可以让孩子上学后学习更好、表现更好；而教育学院的研究人员也发现，母亲是否认同在孩子小的时候给孩子讲故事的重要性，这与孩子们五岁之后的优劣表现有着直接的联系。

这项由政府委托的研究，收集了老师对孩子入学一年后的表现评价，并对八千多名刚满五周岁儿童的认知能力进行了测评。研究人员还采用问卷调查的形式对孩子们的行为能力进行了评估。研究结果显示：家长每天给孩子讲故事，对孩子认知能力的提高有很大的帮助，并大大降低了孩子出现问题的概率。那些每天都有家长给讲故事的孩子，他们的认知能力最出色。反之，那些每天花三四个小时的时间来看电视的孩子，他们在各种测试中的成绩都相对偏低。

培根曾说过："知识就是力量。"而传授知识最有效的方法就是讲故事，因为故事比较贴近人性，所以更有生命力，更容易记忆，更容易传播，同时还可以唤醒孩子的思考能力，将知识转化为智慧。

可以说，好的故事就像是阳春三月飘落的丝丝春雨，孕育着孩子希望的种子，装点着他们五彩缤纷的梦；好的故事就像一支

支彩笔，描绘着孩子美好的未来；好的故事就像晨曦中的一颗启明星，迎接着孩子人生中那轮喷薄而出的太阳，照耀着他们多姿多彩的人生；好的故事就像生活海洋中的那盏航灯，导引着孩子驶向成功的彼岸。

众所周知，华夏五千年文明薪火相传，生生不息。而中华民族在发展的过程中所形成独特文化，以及在这种文化背景下产生的故事，就像是一颗颗璀璨的明珠，凸显了中华民族的传统美德与核心价值。因此，我们在本书中所精选的故事，主要以具有典型意义和代表性的重要历史文化故事为主，其目的在于引领孩子从源远流长的历史血脉中吸取有益身心成长的养分，弘扬传统美德，形成远大理想，激发爱国热情，树立报国信念，为中华民族的伟大复兴而努力奋斗。

本书共分为孝弟篇、诚信篇、理想篇、学习篇、友情篇等十个篇章，每个篇章精选出十个既简单又经典的故事，每个故事均用朴实、优美的语言进行叙述，让孩子在欣赏故事的同时，也能领略到文字的美感，对于孩子的精神成长、心灵丰富、人格完善等，具有不可替代的作用。同时，在每个故事后面，我们还增加了心灵感悟，提炼每个故事的重要思想，使故事更有深度，更有教育意义。通过这些经典的故事，孩子不但可以明白做人做事的道理，而且还可以给他们的生活带来一份启迪，给他们的人生带来一份感悟，给他们的未来带来一份成功。

目 录

第一篇　孝悌篇

第二篇　诚信篇

第三篇　理想篇

第四篇　学习篇

第五篇　友情篇

第六篇　寓言篇

第七篇　智慧篇

第八篇　修养篇

第九篇　礼仪篇

第十篇　励志篇

第一篇　孝悌篇

1. 曾参受杖

春秋时期，有一个名叫曾参的孩子。有一次，他的父亲很生气，于是就顺手拿起旁边一根很粗的棍子打他。这时，曾参想起了孔子的教导：“父母责，须顺承。”所以就站着一动不动，乖乖地让父亲打。由于父亲的脾气比较大，竟然把他给打昏了。

后来，孔子知道了这件事之后，就对曾参说：“你这样做，就是不孝呀！”曾参听了老师的话，觉得很奇怪，于是就问道：“您平常不是教导我们‘父母责，须顺承’吗？现在我父亲打我的时候，我连跑都不跑，怎么会不孝呢？”孔子说：“我是这样说过，但我问你，如果你的父亲这次失手把你给打死了，谁最伤心呢？当然是你的父母呀！”曾参又问道：“那我该怎么做才对呢？”孔夫子告诉曾参说：“以后你的父亲要是再打你的时候，如果他用的是小棍子，那你就乖乖地让他打；如果他用的是大棍子，而且十分生气，那你就赶紧跑。”

曾参听完孔子的话之后，高兴地点了点头。

心灵感悟

听父母的话当然是乖孩子，但如果父母的做法是明显错误的，那就要学会灵活一点，这样才能真正为父母着想。

2. 闵损的芦衣

春秋时期，有一个名叫闵损的孩子，他是孔子最著名的弟子之一。闵损很小的时候，他母亲就去世了，父亲于是又给他找了一个继母。刚开始时，继母对他还很好，但没过多长时间，继母又生了两个儿子。从此，继母就只顾疼爱自己所生的两个儿子，对闵损则越看越不顺眼。到冬天的时候，继母给自己亲生的儿子都准备了用棉做的好衣服，而给闵损准备的却是装着芦花的衣服。有一年冬天，父亲带着闵损赶马车出去拉货，由于外面刮着很大的寒风，闵损冻得把身体缩成一团，父亲看着他穿着厚厚的衣服，还冻成那样，于是就生气地抽了闵损两鞭子，并大骂道："你真没出息，穿着这么厚的衣服还冻成这样！"

没想到，父亲的这两鞭子打下去之后，竟然把闵损的衣服给打破了，而且从衣服里面飘出很多芦花。父亲一看，顿时愣住了，而且很快就明白了一切，他含着眼泪紧紧地抱着闵损。

回到家后，气愤的父亲马上要把闵损的继母赶走，继母知道事情败露，无话可说，只好默默地收拾东西准备离开。这时，闵损却跪下来，对父亲说："父亲，您就原谅母亲一次吧，因为家里不能没有母亲呀！而且，母亲在家里，只有我一个人寒冷，但如果母亲走了，那么三个孩子都会寒冷的呀！”父亲听完闵损的话后，被闵损的善良深深地打动了，并同意让闵损的继母继续留下来。

从此，被感化过来的继母，对闵损又敬又爱，对他也越来越好，甚至胜过自己亲生的两个儿子。

心灵感悟

以德报怨或许会让你暂时受到委屈，但却让你换来一颗更真诚的心！

3. 黄香温席

东汉时期，江夏（今湖北省云梦县）有一个名叫黄香的孩子，他小时候家里很贫穷，而且在他刚刚九岁的时候，母亲就逝去了。但黄香却很懂得孝敬之道，他不但安慰了伤心的父亲，而且还开始用心服侍父亲。每到夏天的时候，面对着炎热的天气，黄香为了让父亲能够睡得安稳、踏实，于是就给父亲的蚊帐扇风，让父亲的枕头和席子变得清凉，并把那些吸血的小虫和蚊子赶走；每到冬天的时候，面对着寒冷的天气，为了让父亲能够早点入睡，到了晚上，黄香就开始用自己的身体给父亲暖被子，让父亲睡得暖和。

后来，黄香的这种孝行很快就传遍了全国，并被誉为“天下无双，江夏黄香”。

心灵感悟

小朋友，你知道吗？爸爸妈妈为了让我们过上更好的生活，他们都在辛苦的工作。虽然我们现在不用像黄香那样给父母暖被窝了，但爸爸妈妈下班回家时，我们一定要让他们好好休息，千万不要吵闹，因为这样会影响到他们的休息！

4. 张士选让家产

五代十国的时候，有一个叫张士选的孩子，在他还很小的时候，父母就相继去世了，他是由叔父养大的。当时，他的叔父还有七个儿子。而他祖父遗留下来的家产，他们也还没有分。

等到张士选长到十七岁的时候，叔父见他已经长大成人，于是就把他叫到跟前，对他说："现在，你已经长大了，所以我们把祖父遗留下来的家产给分了吧，我把这些家产分为两份，你我各拿一份，你觉得怎么样？"张士选听后，恭敬地回答道："叔父生有七个兄弟，所以还是应该把家产分做了八份吧，这样才合理。"叔父一直不肯这样分，但由于张士选坚实要让出，最后才答应这样做。

心灵感悟

小朋友，你知道张士选的这一让，让出了什么吗？他这一让，让出了自己的品德，同时也提升了自己的心性。

5. 为母亲尝药的皇帝

西汉时期，有一个皇帝名叫刘恒（汉文帝），他是汉高祖刘邦的第三个儿子。刘恒还很小的时候，就是一个十分孝顺的孩子。在他被封为代王之后，仍然尽心尽力侍奉自己的母亲，从来没有懒惰。有一次，刘恒的母亲生了重病，而且这场病足足持续了三年之久。但是，在这三年的时间里，刘恒对母亲的照顾却无微不至，殷勤周到，从不嫌麻烦。所煎的汤药，刘恒每次都是自己亲自尝过，再送到母亲面前，让母亲喝下去。在那三年的时间里，每天晚上睡觉时，他的眼睛也没有闭好，衣服也没有解开过。

后来，刘恒仁孝的名声，很快就开始传遍天下，很多孩子都把他当成了学习的榜样。而刘恒当上皇帝之后，更是以孝治天下，使国家开始走向强盛。

心灵感悟

刘恒贵为皇子，尚且对母亲如此孝敬。可见，孝敬父母是不分身份，也不分年龄的。

6. 蔡顺采桑

西汉末年，有一个名叫蔡顺的孩子，在他还很小的时候，父亲就逝去了，他只好与母亲相依为命。蔡顺是一个很孝顺的孩子，对母亲的照顾更是十分周到。

当时，正好赶上王莽的叛乱，又碰上灾荒之年。家里没有饭吃了，蔡顺只好去采桑树上结的果子来给母亲吃。蔡顺每次出去采桑的时候，都提着两只篮子，一只篮子里装着黑色的桑子，另一只篮子则装着红色的桑子。

有一次，蔡顺采完桑子后，在回家的路上碰到了一帮盗贼，那帮盗贼拦住他，想把他抓起来，但当他们看到蔡顺的两个篮子时，便好奇地问：“你为什么把桑子分开来放呢？这样不是很麻烦吗？”蔡顺回答道：“黑色的桑子已经成熟了，比较甜，是给我的母亲吃的；红色的桑子还没成熟，比较酸，是给我自己吃的。”那帮盗贼听了之后，对蔡顺的孝行十分感动，不但立即放了他，而且还把自己身上的牛蹄和白米送给了蔡顺。

心灵感悟

蔡顺的孝行，连那些无恶不作的盗贼都被感动了，这真是“善人者，不善人之师”呀！

7. 孔融让梨

东汉的时候，有一个很著名的学者名叫孔融，他是孔子的二十世孙。孔融还很小的时候，就聪明好学，才思敏捷，4岁时就能够背诵许多诗赋，并且很懂礼节，大家都夸他是一个神童，所以父母亲非常喜爱他。

有一天，父亲的朋友送来了一盘梨子，父亲于是让孔融七兄弟自己挑梨子吃，并让最小的弟弟先挑。这时，小弟首先挑走了一个最大的梨子，而孔融却拿了一个最小的梨子，父亲觉得很奇怪，于是就问他："你为什么挑了一个最小的梨子呢？"孔融回答道："我年纪小，应该吃小的梨，剩下的大梨就给哥哥们吃吧。"父亲听后十分欣喜，于是又问道："那弟弟也比你小，他怎么拿最大的？"孔融说："正因为弟弟比我小，所以我也应该让着他啊！"父亲听了这番话后，哈哈大笑："年纪轻轻，就懂得谦让，长大后一定会很有出息。"

心灵感悟

孔融对上让着哥哥，对下让着弟弟，或许有的小朋友会认为他是个大笨蛋。但你知道吗？正是这个“大笨蛋”，在他已经离开我们一千多年之后，依然活在我们的心中，并默默地温暖着我们的心灵！

8. 子路背米

子路是孔子著名的弟子之一，他小的时候，由于家里很穷苦，所以每天都吃一些很不好的饭菜。为了不让父母挨饿，子路经常出去到百里以外，背着米回来再煮给父母吃。父母去世后，子路就离开家乡，来到楚国时，楚王知道子路很讲诚信，就让他做了大官。子路一下子成为一个富贵的人，吃的是山珍海味，穿的是上好的衣服，住的是豪华的房子，出门还有车接送。但子路却经常叹着气说：“我现在虽然富贵，但我最怀念的是小时候到百里以外去背米来给父母，而以后再也不能过这种日子了，这叫我怎么不伤心呢？”孔子听后，对自己的学生说道：“子路的孝心，可以说是父母活着的时候尽了力，父母死了之后尽了追思之情了。”

心灵感悟

只要有父母在，不管住的是什么房子，吃的是什么饭菜，都是最舒适和最香甜的，因为有妈的孩子像块宝。而一旦没有了父母，那么吃什么都没有滋味，因为如果不能和父母共享，快乐也就减了一半了。

9. 韩伯愈挨杖伤老

汉朝时，有一个叫韩伯愈的孝子。他的母亲对他管教得十分严格，只要他犯了过错，就举杖打他，但每次挨打时，他既没有哭泣，也没有怨恨母亲。有一次，韩伯愈又犯了错误，惹得母亲十分生气，母亲又开始打他，但这次挨打时，他竟然伤心地哭起来。母亲觉得很奇怪，于是就问道："以前我打你时，你都没有哭，今天为什么哭得这么伤心？难道我打得不对？"韩伯愈回答道："以前您打我的时候，我还能感觉到疼痛，知道母亲还有力气，身体还很健康，但这次您打我的时候，我却感觉不到疼痛，我知道这是因为您的身体开始衰老的原因，所以我就禁不住伤心地哭出来。"

心灵感悟

如果父母动不动就打孩子，确实是父母的不对，因为教育孩子不能光靠打骂；但作为孩子，如果能够体谅父母的良苦用心，知道父母所做的一切都是为了自己，那是相当难能可贵的。

10. 花木兰代父从军

北魏时，有一户姓花的人家，老父叫花弧。花弧有一个女儿，名叫木兰，她从小就喜欢舞枪弄棒，武艺十分高强。

那时，北魏经常和外族打仗，朝廷于是下令征兵，但木兰的父亲年纪太大，弟弟又太小，于是木兰就想装扮成男子，替父从军。她穿上父亲当年穿过的盔甲，威风凛凛地去见父亲，并表明自己的决心。木兰的父亲很感动，但是并不放心。于是，木兰便要求与父亲比武，如果胜了就让她去从军。花弧向来不服老，就答应了。父女俩于是就在花园里比剑，你来我往。花弧毕竟年老体衰，终于支持不住，败下阵来，只好同意木兰代替他去从军。

由于木兰武艺高强，智勇双全，打了很多次胜仗，立下了大功。但她出征十二年，谁也不知道她是一个女子。后来，敌人终于投降了，木兰凯旋，换上了女装。兵士们惊叹道：“我们同行十几年，竟然都不知道你是个女子！”

此时，木兰捉来一对雌雄兔子，然后笑着说：“雄兔脚扑朔，雌兔眼迷离，双兔傍地走，安能辨我是雄雌。”意思是说，我女扮男装，就像在地上走的兔子，难以分辨出雌雄一样，所以你们根本看不出我是男还是女啊！

心灵感悟

古代的女孩子不像现代一样，可以走入军营，成为一名女军人。古代的女孩子是不能当兵的，所以木兰只能女扮男装，代父从军。这个故事一直流传很广，它告诉我们，为人子女，一定要替自己的父母着想。即使有些事，自己很难做到，但也要尽力而为。

第二篇　诚信篇

11. 曾子杀猪

有一天早上，曾子的妻子要到集市去买一些东西。但她刚出家门，儿子就跟着出来，哭闹着要跟妈妈一块到集市上去。当时，曾子的孩子还很小，而集市离家很远，带着他去显然很不方便。所以，曾子的妻子就对儿子说："乖儿子，你先回家去，等妈妈回来就杀猪，让你吃猪肉。"儿子一听这话，果然立即安静下来，乖乖地在家里等妈妈回来。

等到下午时，曾子的妻子终于从集市回来了，但还没等她跨进家门，就听见院子里传来猪的叫声。她赶紧跑到猪圈一看，原来是曾子正在准备杀猪呢。于是她急忙上去拦住丈夫，说道："我们家里就养了两头猪，是要等到逢年过节时才杀的。你怎么拿我哄孩子的话当真呢？"曾子回答说："在小孩面前说话要算数，孩子现在还年幼无知，经常从父母那里学习知识，听取教诲。如果我们现在对他说谎，那么就等于是教他今后去欺骗别人。再说，你现在虽然一时能哄得过孩子，但等他知道受骗之后，以后就不会再相信你的话了。这样一来，你以后怎么教育好孩子呢？”曾子的妻子一听，觉得丈夫说得很有道理，于是就心悦诚服地帮曾子杀猪，然后为儿子做了一顿丰盛的晚餐。

心灵感悟

曾子杀猪的故事告诉我们，就算是对年幼无知的孩子，也要做到言而有信。只有将言传和身教结合起来，用自己的行动做表率，才能教育好孩子。

12. 立木为信与烽火戏诸侯

战国时，秦国的商鞅在秦孝公的支持下主持变法。当时处于战争频繁、人心惶惶之际，为了树立威信，推进改革，商鞅下令在都城南门外立一根三丈长的木头，并当众许下诺言：谁能把这根木头搬到北门，就赏金10两。围观的人都不敢相信，因为这事实在是太容易办到了，所以没有一个人愿意去试一下。于是，商鞅又将赏金提高到50两。这一下，终于有一个人站出来，将木头扛到了北门。商鞅当即赏了他50两。商鞅这一举动，顿时在百姓心中树立起了威信。接下来，商鞅的变法就很快在秦国推广开来，并使秦国渐渐强盛起来，最终统一了中国。

而同样在商鞅“立木为信”的地方，在早它400年以前，却曾发生过一场令人啼笑皆非的“烽火戏诸侯”的闹剧。当时，周幽王有个宠妃叫褒姒，这个褒姒虽然长得很漂亮，却从来没有笑过。周幽王为了博取她的一笑，于是便下令在都城附近20多座烽火台上点起烽火——烽火是边关报警的信号，只有在外敌入侵，需要紧急向各诸侯发出救援信号的时候才能点燃。诸侯们见到烽火，于是率领兵将匆匆赶到，结果什么事都没有。而褒姒看到平日威仪赫赫的诸侯们手足无措的样子，终于开心一笑。五年后，西夷太戎举兵攻打周朝，周幽王于是赶紧下令点燃烽火，诸侯们看到烽火后，都以为周幽王又在戏弄他们，所以谁都没有前来救援。结果幽王被逼自刎，而褒姒也被俘虏。

心灵感悟

一个立木取信，一诺千金；一个是烽火戏诸侯，玩起“狼来了”的游戏。结果前者变法成功，国富兵强；后者自取其辱，身死国亡。可见，诚信是多么的重要，从大的方面来讲，可以决定一个国家的兴衰存亡；从小的方面来讲，可以决定一个人的成败。

13. 季札挂剑

周朝时，吴国有一个公子，名叫季札。因为季札被封在延陵这个地方，所以大家便称呼他为延陵季子。有一次，季札奉吴国国君之命，到西边去访问晋国。在路过徐国时，季札顺便去拜访徐国的国君。徐国国君很喜欢季札身上所佩带的宝剑，心里很想得到，但嘴上却没有说什么。对于徐国国君内心的想法，季札心里也十分清楚，也很想把宝剑送给他，但由于自己还没有完成出使的任务，所以就没有把宝剑献给徐国国君，只是在心里答应了他。

季札到了晋国后，总想念着早点返回，好把宝剑送给徐国国君。可是当季札完成出使的任务后返回时，却得知徐君已经死在楚国。于是，季子便解下宝剑送给继位的徐国国君。随从人员阻止他说："这是吴国的宝物，不是用来当作赠礼的。"季札却说："我不是赠给他的。前些日子我经过这里，徐国国君很欣赏我的宝剑，而且很想得到这把宝剑，虽然他嘴上没有说什么，但我已经知道他的想法了，只是由于当时我有出使晋国的任务，所以就没有献给他。尽管这样，在我心里已经答应给他了。如果现在因为他死了，就不再把宝剑进献给他，这是欺骗我自己的良心。因为爱惜宝剑而违背自己的良心，正直的人是不会这样做的。”说罢便将宝剑送给了继位的徐国国君。但是，继位的徐国国君也婉拒了他：“因为先君没有留下遗命，所以我也不敢接受您的宝剑。”于是，季札便来到徐国国君的坟前，把宝剑挂在坟边的树上就走了。徐国人十分赞赏季札，歌唱他说：“延陵季子兮不忘故，脱千金之剑兮带丘墓。”

心灵感悟

季札和徐国国君真可谓是心有灵犀，虽然彼此都没有明说，但季札在心里却早已默默地许下承诺，真是“此时无声胜有声”。后来，即使徐国国君已经死了，但季札仍然坚持兑现自己的承诺，其光明坦荡之心，天地可证，日月可鉴。

14. 季布一诺

汉朝初年的时候。楚地有一个名叫季布的人，他行侠仗义。只要是他答应过的事情，无论有多大的困难，他都想办法把事情办成，因此受到大家的赞扬。楚汉争霸时，季布成为项羽的部下，曾几次献策，让刘邦屡屡吃了败仗。

后来，刘邦打败了项羽，当上皇帝，但每当想起这事，心里就十分生气，于是便下令捉拿季布。但是，由于季布平时讲究诚信，乐于助人，所以人缘很好，很多人都在暗中帮助他。当时，季布为了躲避官府的捉拿，就进行了一番化装，然后来到山东一家姓朱的人家当佣人。朱家虽然明明知道他就是朝廷下令捉拿的季布，但还是收留了他。没过多久，朱家又到洛阳去找刘邦的老朋友汝阴侯夏侯婴，让夏侯婴去向刘邦说情。夏侯婴也十分欣赏季布，于是在刘邦面前不断劝说，还说了很多对季布十分有利的话，刘邦于是撤销了对季布的通缉令，还封季布做了郎中，没过多久又将他晋升为河东太守。

心灵感悟

凡是讲究诚信的人，不管遇到什么困难，都会有人愿意帮助他，因为他活着，就是为了让别人更好的活着。所以，凡事都为别人着想的人，别人是不会舍弃他的。

15. 周文王画地为牢

古时候，有一个名叫武吉的孝子。有一天，武吉出去打柴，然后把柴挑到西岐城来卖。这时，正赶上文王的车驾路过那里。由于街道比较窄，武吉将柴担换肩时，突然塌了一头，并打到了守门的军士王相的头上，而且当场就把王相打死了。这样，武吉就被抓来见文王。文王说："武吉既然打死王相，理当抵命。"于是便派人在南门地上画了一个圆圈做牢房，然后竖了根木头做狱吏，将武吉"关"了起来。

三天后，大夫散宜生路过南门，见武吉悲声痛哭，就问他："杀人偿命，理所当然。你为什么要哭呢？"武吉说："小人的母亲七十岁了，她只有我一个孩子，小人也没有妻子，母老孤身，没有人照顾，我担心他会被饿死了！"散宜生听完后便入城进殿来见文王，说："不如先放武吉回家吧，等他办完赡养母亲的后事，再来抵偿王相的命。不知这样是否可以？"文王了解了具体情况之后，便批准了。

心灵感悟

相传在上古时代，人们都很自律，道德高尚，如果有人犯了错误，就在地上画个圈把他限制在那里，以示惩罚。即使这样，哪怕犯人身边空无一人，他也决不会提前走出圈子半步。从这个故事中，我们可以读出人性的善良，如果我们是一个诚实的人，即使犯了一些小错误，也会得到别人的谅解。

16. 冯谖买“义”

战国时，齐国宰相孟尝君家中养了三千门客，其中一个名叫冯谖（xuān）。有一次，孟尝君让冯谖到他的封地薛邑去收债。临走前，冯谖问孟尝君收完债之后买点什么东西回来，孟尝君说：“你看我家缺少什么你就买什么吧。”冯谖到了薛邑后就和债民们说：“孟尝君不要你们还债了。”说完，冯谖就当众把账单全部烧掉了，薛邑的百姓为此非常感激孟尝君。冯谖回去后，孟尝君问道：“你怎么这么快就回来了呢？给我买什么东西了吗？”冯谖说：“我觉得您家什么都有，所以就自作主张把‘义’给您买回来了。”然而，孟尝君知道了事情的真相后，却很不高兴。

一年后，齐王罢免了孟尝君的宰相之职，孟尝君只好回到自己的封地薛邑。薛邑的男女老幼都去迎接他，孟尝君这时才体会到冯谖为他买“义”的意义。可是冯谖却对他说：“聪明的兔子有三个藏身的洞，才能免除一死。如今您才有一个洞，还不能放宽心啊。让我替您再开两个洞吧！”接着，冯谖便到了魏国，对魏王说：“孟尝君这个人非常能干，凡是接待他的诸侯，都能富国强兵。”魏王相信了，便把丞相的职务留给孟尝君。齐王听到这个消息之后，马上用更隆重的礼节去请孟尝君再回去做宰相。冯谖这个时候才说：“现在三个洞都修好了，您可以放心垫高枕头睡觉，无忧无虑了。”

心灵感悟

人生的路有很多条，不管走哪一条，我们都应该给自己留一些后路，俗话所说的“多个朋友多条路”，就是这种道理。而在与人交往时，不妨多吃点亏，这样反而得到更多的好处。

17. 诚实的晏殊

北宋词人晏殊，素以诚实著称。在他14岁时，有人把他作为神童举荐给皇帝。皇帝召见了他，并要他与一千多名进士同时参加考试。结果晏殊发现考试的试题是自己十多天前刚练习过的，于是就如实向皇帝报告，并请求改换其他题目。皇帝非常赞赏晏殊的诚实品质，便赐给他“同进士出身”。

晏殊当职时，正值天下太平。于是，京城的大小官员便经常到郊外游玩或在城内的酒楼茶馆举行各种宴会。晏殊家里比较贫穷，没有钱出去吃喝玩乐，只好在家里和兄弟们读书和写文章。

有一天，皇帝提升晏殊为辅佐太子读书的东宫官。大臣们都十分惊讶，不明白皇帝为何做出这样的决定。皇帝于是告诉那些大臣们：“一直以来，你们这些大臣经常出去游玩饮宴，只有晏殊闭门读书，如此自重谨慎，正是东宫官合适的人选。”晏殊谢恩后说：“其实我也是一个喜欢游玩饮宴的人，只是家里穷没有钱而已。如果我有钱，也早就参与宴游了。”这两件事，使晏殊在群臣面前树立起了信誉，而皇帝对他也更加信任了。

心灵感悟

晏殊虽然很讲诚信，但却从来不标榜自己的诚信。其实，像晏殊这样的人，才是真正懂得诚信的含义，因为他知道诚信是用来做的，不是用来说的。

18. 冒雪还书的宋濂

明朝有个大学问家名叫宋濂。他小时候家里很穷，父母没有钱供他读书，于是，他就到一个大户人家去借书。大户人家的态度有点傲慢，随手借给他一本很厚的书，对他说：“借你十天，到了期限要立即给我还回来。”结果十天以后，恰巧下了一场很大的雪，主人就觉得宋濂一定不会来还书了，本来就是一本很厚的书，估计没这么快就看完，再加上下着大雪，就算他不来还书，也还可以再给他一次机会。但没想到，宋濂还是冒着风雪把这本书送回来了。大户看了十分感动，就对宋濂说：“从今往后我们家的书，你都可以借，也不用那么急着来还。”

心灵感悟

从这个故事中，我们不难看出，人和人之间的信任是最难建立的，尤其是第一次，但只要能够抓住初次建立的信任，那么对自己就会有很大的帮助。

19. 诚信决定成败

有一位顾客走进一家汽车维修店，自称是某运输公司的汽车司机。

“在我的账单上多写点零件，我回公司报销后，有你一份好处。”他对店主说。

但店主拒绝了这样的要求。

顾客继续纠缠着说：“我们公司很大，有很多生意，以后会常来的，你肯定能赚很多钱！”

但店主还是告诉他，这事无论如何也不会做。

顾客一听，气急败坏地嚷道：“现在谁都会这么干的，你怎么就是一根筋呢？我看你也太傻了吧，送上门来的钱还不要。”店主一听，也火了：“随你怎么说，反正这事我干不了，你赶紧走吧，到别处去谈这种生意去。”

这时，那位顾客却露出满意地微笑，并满怀敬佩地握住店主的手，说：“我就是那家运输公司的老板，我一直在寻找一家固定的、信得过的维修店，你还让我到哪里去谈这笔生意呢？”

心灵感悟

面对诱惑，不怦然心动，不为其所惑，虽平淡如行云，质朴如流水，却让人领略到一种山高海深。这是一种闪光的品格——诚信。

20. 诚信的力量

18世纪时，英国一位有钱的绅士，一天深夜他走在回家的路上，被一个蓬头垢面、衣衫褴褛的小男孩儿拦住了。

“先生，请您买一包火柴吧”，小男孩儿说道。

“我不买”。绅士一边回答，一边躲开男孩儿继续走。

“先生，请您买一包吧，我今天还什么东西也没有吃呢！”小男孩儿追上来说。

绅士看到躲不开男孩儿，便说：“可是我没有零钱呀！”

“先生，你先拿上火柴，我去给你换零钱。”说完男孩儿拿着绅士给的一个英镑快步跑走了。绅士等了很久，男孩儿仍然没有回来，只好无奈地回家了。

第二天，绅士正在自己的办公室工作，仆人说外面来了一个男孩儿要求面见绅士。于是男孩儿被叫了进来，这个男孩儿比卖火柴的男孩儿矮了一些，穿得更破烂。

“先生，对不起了，我的哥哥让我给您把零钱送来了。”小男孩说。

“你的哥哥呢？”绅士问道。

“昨晚我的哥哥在换完零钱回来找你的路上被马车撞成重伤了，现在在家躺着呢！”

绅士深深地被小男孩儿的诚信感动了：“走！我们去看你的哥哥！”

到了男孩儿的家一看，家里只有两个男孩的养母在照顾受到重伤的男孩儿。一见绅士，男孩连忙说：“先生，真是对不起，我没有给您按时把零钱送回去，失信了！”绅士却被男孩的诚信深深打动了。当他了解到两个男孩儿的亲父母都双亡时，毅然决定把他们生活所需要的一切都承担起来。

心灵感悟

诚信永远是立身处世的根本，只要拥有了它，困难就会变成你成功路上的垫脚石，不幸也会变成幸运。

第三篇　理想篇

21. 为理想而活的司马迁

汉武帝时期，大将李陵率领军队去阻击匈奴地入侵。刚开始的时候，士气十分旺盛，汉武帝听说以后心里很高兴，许多大臣也都纷纷称赞皇上英明、善于用人。但过了一段时间，却传来了李陵战败投降的消息，汉武帝非常生气，原来那些说好话的大臣又连忙大骂李陵不忠。

这时，司马迁站在旁边一声不吭，当汉武帝让他发表意见时，他便说："李陵只有五千人的军队，被匈奴八万人的军队围困，而另一位将军李广利又不派兵援救，李陵他们打了十几天仗，杀死杀伤敌人一万多，这已经很了不起了，最后粮食没了，箭也射完了，受伤才被俘虏的。我相信李陵是忠于汉朝的，他不会真心投降于匈奴。"由于李广利是皇帝的亲戚，所以司马迁的话让汉武帝非常生气，便把司马迁逮捕入狱，并下令对司马迁施以重刑。

司马迁受到的这种刑罚，让他既痛苦又愤怒，有时他恨不得一死了之。但是转念一想，如果自己这样死去，根本就没有任何意义和价值。他在给好朋友任安的信中写道："像我这样地位低微的人死去，在许多大富大贵的人眼中，不过像‘九牛亡一毛’，不但得不到同情，而且还会惹人耻笑。”于是，司马迁决心勇敢地活下去。最终，他克服了重重困难，终于完成那部照耀历史的伟大巨著——《史记》。

心灵感悟

因为拥有理想，生命才会精彩；因为执着，所以才会成功。的确，理想就像是一盏明灯，使即使身处黑暗的人也能看见前进的方向。而司马迁在遭受到惨无人道的迫害之后，正是对理想的坚持与不懈追求，才使他勇敢地活下来，最终完成了被后世誉为“史家之绝唱，无韵之《离骚》”的《史记》，同时也让自己的名字流芳百世。

22. 妙笔生花的李白

李白是唐代著名的大诗人，他的诗直到今天仍然享誉中外。那么为什么李白的诗写得那么好呢？

传说有一天深夜，李白在睡意朦胧中随风飘到了一座海上的仙山。只见四周云海苍茫，花木葱茏。李白深深地被大自然的美景所陶醉了。正在这时，只见眼前有一支巨大的毛笔耸出云海，足有十多丈高，像一根玉柱一样矗立在他面前。李白心想："如果我能得到这枝巨笔，用大地作砚台，用海水为墨汁，拿蓝天当纸，写尽人间美景，那该有多好啊。"就在他浮想联翩的时候，忽然听见一阵悠扬悦耳的仙乐响起，伴随着仙乐，有五色光芒从笔端射出，接着在笔尖开出一朵鲜艳的红花。过了一会儿，那支会生花的大毛笔渐渐移动，朝着李白飘然而来。李白眼看那支光芒四射的生花妙笔越来越近，便伸手去取，当快要摸到粗壮的笔杆时，梦就醒了。

据说，自从李白梦见那支生花妙笔之后，名诗佳句便源源而出，一发而不可收，创作了大量的不朽诗篇。他热情歌颂了雄伟、壮丽的祖国，并在一定程度上揭露了腐朽黑暗的封建社会。他的许多著名的诗篇，流传千古，至今仍被中外读者吟咏传颂。

心灵感悟

这个故事虽然只是传说，却十分美丽，并令人向往。我们可以试想一下，如果可以拥有一支巨笔，然后用大地作砚台，用海水为墨汁，拿蓝天当纸，那该是一种怎样的境界啊！

23. 凯泰斯·伊姆雷的希望与梦想

他是一位匈牙利木材商的儿子，由于从小生得呆笨，所以人们都喊他“木头”，他也确实名副其实。9岁之前，他除了因遵守秩序在学校里获得一枚玩具螺丝之外，并没有获得过什么奖励。

12岁时，他做了一个梦，梦到有位国王给他颁奖，因为他的作品获得诺贝尔文学奖了。当时，他很想把这个梦告诉别人，但又怕别人嘲笑自己，最后，他只告诉了妈妈。

妈妈说：“假如这真是你的梦，那你就有出息了！我曾听说，当上帝把一个不可能的梦放在谁的心中时，就是真心想帮助谁实现这个梦想的。”

男孩从来没有听说过梦想和上帝会有什么关系，但既然妈妈这么说，他也就信以为真了。他想，自己真是天下最幸福的人！世界那么大，上帝却一下子选中了自己。为了不辜负上帝的期望，从此他真的喜欢上了写作。

“倘若我经得起考验，上帝自然会来帮助我的！”他怀着这样的信念，开始了他的写作生涯。三年过去了，上帝没有来；又三年过去了，上帝还是没有来。

就在他期盼上帝前来帮助他的时候，希特勒的部队却先来了。他作为犹太人，被送进了集中营，在那里，数百万人失去了生命，而他却靠着“生命就是顺从”的信念活下来。

“我又可以从事我梦想的职业了！”他怀着这种心情，走出奥斯维辛集中营。

1965年，他终于写出了第一部小说《无法选择的命运》；1975年，他又写出另一部小说《退稿》。接着，他又写出一系列作品。

就在他不再关心上帝是否会帮助他时，瑞典皇家文学院宣布：把2002年的诺贝尔文学奖授予匈牙利作家凯泰斯·伊姆雷。他听到后，不禁大吃一惊，因为这正是他的名字。

当人们让这位名不见经传的作家谈一谈他获奖后的感受时，他说：“没什么感受，我只知道，当你说我就喜欢做这件事，不管遇到多大的困难我都不在乎时，上帝就会抽出身来帮助你！”

心灵感悟

有梦就有希望！在20世纪时，伊姆雷成为第一位证明人。以后肯定还会有第二位，第三位，就藏在有梦想的人中间。而那个人，会不会是此时正在读这个故事的你呢？

24. 写下梦想的李小龙

1940年11月27日，他出生在美国旧金山，英文名叫布鲁斯·李。因为父亲是演员，所以使他从小就有了跑龙套的机会，于是他也产生了想当一名演员的梦想。可由于身体虚弱，父亲便让他拜师习武来强身。1961年，他考入华盛顿州立大学，主修哲学。后来，他又结婚生子。但在他内心深处，一刻也不曾放弃当一名演员的梦想。

一天，他与一位朋友谈到梦想时，随手在一张便笺上写下了自己的人生目标："我，布鲁斯·李，将会成为全美国最高薪酬的超级巨星。作为回报，我将奉献出最激动人心、最具震撼力的演出。从1970年开始，我将会赢得世界性声誉；到1980年，我将会拥有1000万美元的财富，那时候，我与家人将会过上愉快、和谐、幸福的生活。"

而他写下这张便笺的时候，也正是他的生活穷困潦倒的时候。所以，不难想象，如果这张便笺被别人看到，会招来什么样的嘲笑。

然而，他却把这些话深深铭记在心底。为实现梦想，他克服了无数次常人难以想象的困难。比如，他曾因脊背神经受伤，在床上躺了4个月，但后来他却奇迹般地站了起来。1971年，命运之神终于向他露出了微笑。他主演的电影《唐山大兄》、《精武门》、《猛龙过江》，均刷新香港票房记录。1972年，他主演了香港嘉和公司与美国华纳合作的《龙争虎斗》，这部电影使他成为一名国际巨星，被誉为“功夫之王”。1998年，美国《时代》周刊将其评为“20世纪英雄偶像”之一，他是唯一入选的华人。

他就是李小龙，一个“最被欧洲人认识的亚洲人”，一个迄今为止在世界上享誉最高的华人明星。

1973年7月，事业刚步入巅峰的李小龙因病身亡。在美国加州举行的“李小龙遗物拍卖会”上，这张便笺被一位收藏家以2.9亿美元的高价买走，同时，2000份获准合法复印的副本也当即被抢购一空。

当时，拍卖会的主持人曾经大喊：“这就是你以后有必要把想到的事情马上写下来的原因所在。”

心灵感悟

李小龙的成功，其实就是一段为梦想而战的精彩过程！所以，请让我们立下自己的志向，写下自己的梦想，盖起成功人生的辉煌大厦吧！请相信：有志者，事竟成！

25. 给自己一个梦想的塞尔玛·拉格洛芙

1858年，有个女孩出生在瑞士一个富豪的家中。然而，不久之后，这个女孩就患上一种无法解释的瘫痪症，丧失了走路的能力。从此，女孩最大的梦想就是能够自己走路。

一次，女孩和家人一起乘船外出旅行。船长的太太给女孩讲船长有一只天堂鸟，女孩被船长太太所描述的这只天堂鸟给迷住了，很想亲自看一看。于是，女孩就让保姆去找船长，但是保姆走了没多长时间，女孩就耐不住性子等待，她要求船上的服务生立即带她去看天堂鸟。那个服务生并不知道女孩的腿不好，不能走路，于是只顾带着她一块去看那只美丽的小鸟。这时，奇迹发生了，女孩因为过度地渴望，竟然忘我地拉住服务生的手，慢慢地走了起来。从此，女孩的病便痊愈了。

女孩长大后，又忘我地投入到文学创作中，并最终成为第一位荣获诺贝尔文学奖的女性，她就是塞尔玛·拉格洛芙。

心灵感悟

茜尔玛·拉格萝芙的故事告诉我们，忘我的投入是走向成功的一条捷径，只有在这种环境中，人才会超越自身的束缚，释放出最大的能量，并实现自己的梦想。

26. 没有忘记最初梦想的格兰妮

伊芙琳 ·格兰妮是世界上第一位女性打击乐独奏家，她曾经说过：“从一开始我就决定，一定不会让其他人的观点阻挡我成为一名音乐家的梦想。”

格兰妮的一生，可以说充满了传奇色彩，她自幼就表现出了独特的音乐天赋，从8岁起就开始练钢琴。日后随着年龄的不断增长，对音乐的痴迷更是与日俱增。于是她决定，把音乐作为自己终身不变的追求，并且梦想着成为一名优秀的打击乐独奏家，虽然当时还没有出现过这类音乐家。

就在她怀抱着对音乐的无限美好憧憬时，她的听力却在慢慢地下降。医生的诊断无异于一个晴天霹雳——医生说她听力的下降是由神经损伤造成的，而且很难恢复，并且断定，等她到12岁的时候，将彻底失聪。

一个热爱音乐，并且发誓要把终身的精力都奉献给音乐的人，居然要面临着失聪，这对于伊芙琳·格兰妮来说，就是一个“灭顶之灾”。听完医生这样的诊断之后，所有的人都劝格兰妮放弃音乐，因为失聪之后，她将不会听见任何美妙的声音，那又怎么去创造音乐，演奏音乐呢？然而，倔强的格兰妮没有选择放弃，而是继续着自己的音乐之路。她尝试着用各种其他方法来“聆听”音乐。为了演奏，她只穿长袜，因为这样就可以通过她的身体和想象来感受那每一个跳跃的音符，以此来不断地获得灵感。

凭借着对音乐的这份执着，她“一意孤行”，并向伦敦著名的皇家音乐学院提出了入学申请。然而，皇家音乐学院从来没有接受过这样特殊的学生，但是她的演奏征服了所有的老师，所以顺利入学，而且还获得该学院的最高殊荣。

最后，格兰妮终于实现了自己的梦想，成为第一个专业的打击乐独奏家。

心灵感悟

路是靠自己走出来的，格兰妮并没有被医生的诊断吓倒，更没有听信亲友们的劝告，而是鼓起勇气，毅然决然地朝着自己最初的梦想前进，最后终于实现了自己的梦想。

27. 别让任何人偷走你的梦

美国某个小学的作文课上，老师给小朋友出的作文题目是："我的志愿"。

一位小朋友非常喜欢这个题目，在他的簿子上飞快地写下他的梦想。他希望将来自己能拥有一座占地十余公顷的庄园，在广阔的土地上植满如茵的绿。庄园中有无数的小木屋，烤肉区以及一座休闲旅馆。除了自己住在那儿外，还可以和前来参观的游客分享自己的庄园，有住处供他们歇息。

写好的作文经老师过目，这位小朋友的簿子上被划了一个大大的红"×"，发回到他手上，老师要求他重写。

小朋友仔细看了看自己所写的内容，并无错误，便拿着作文簿去请教老师。

老师对他说："我要你们写下自己的志愿，而不是这些如梦呓般的空想，我要实际的志愿，而不是虚无的幻想，你知道吗？"

小朋友据理力争："可是，老师，这真的是我的梦想啊！"

老师也坚持："不，那不可能实现，那只是一堆空想，我要你重写。"

小朋友不肯妥协：“我很清楚，这才是我真正想要的，我不愿意改掉我梦想的内容。”

老师摇头：“如果你不重写，我就不让你及格了，你要想清楚。”

小朋友也跟着摇头，不愿重写，而那篇作文也就得到了大大的一个“E”。

事隔三十年之后，这位老师带着一群小学生到一处风景优美的度假胜地旅行，在尽情享受无边的绿草，舒适的住宿，以及香味四溢的烤肉之余，他望见一名中年人向他走来，并自称曾是他的学生。

这位中年人告诉他的老师，他正是当年那个作文不及格的小学生，如今，他拥有这片广阔的度假庄园，真的实现了儿时的梦想。

老师望着这位庄园的主人，想到自己三十余年来，不敢梦想的教师生涯，不禁喟叹：“三十年来为了我自己，不知道用成绩改掉了多少学生的梦想。而你，是唯一保留自己的梦想，没有被我改掉的人。”

心灵感悟

梦想是我们奋斗的动力，它给我们的身体注入无限的力量，并让我们的大脑充满智慧。只要我们不懈努力，永不言弃，遇到困难多思考，积极面对，那么梦想就会向我们招手了。

28. 一个梦想改变一生

德克诺是一位年轻的教师。他工作不久便感觉有些力不从心了，他的学生让他十分头痛。他甚至考虑换一份工作。

一天晚上，他做了一个梦，梦见一位天使对他说："你的学生中有一人将会成为世界领袖。你准备如何启发他的智慧，增加他的自信心，培养他的才能与思想，还有他坚强的性格。总而言之，你会怎样教导他，使他成为一位伟大的世界领袖呢？"

德克诺被惊醒了，出了一身的冷汗。他从来没有做过这样的梦。我将是一名世界领袖的老师！德克诺激动得不能自已。

德克诺选择相信这个梦，他开始重新思考他给予学生的教导。他在想他该怎么做才能让自己的学生具备世界领袖的才干。他查阅了大量的资料，询问了许多专家学者，最后，他得出了结论：他认为一个世界领袖不仅要有丰富的知识，还要有丰富的阅历与经验。他不仅要有极强的独立思考的能力，还要能广泛地听取他人的意见。他不仅要有领导众人的能力，还要有与他人进行团队合作的能力。他应该对历史有着深刻的认识与理解，也应该对未来充满乐观向上的精神。他应该对生活充满热情，对生命有着极高的尊重。他应该有着创造性的思维，有着先进的思想。他应该有着自己做人处世的原则，应该对自己有着严格的要求。最后，他的心中还应该充满了仁爱与感恩之心。

培养计划在德克诺的心中渐渐完善起来。他的世界也因此改变。当每一位学生从他的面前走过时，他都会仔细地凝望着他们，因为他们每个人都很可能成为未来的世界领袖。上课时，他不再把他们看成普通的学生，而是当成未来的世界领袖来对待。他的心中仿佛有了一份责任。因为未来的世界会掌握在台下的某一位学生的手中。

此后，那个梦一直鼓舞着他，让他对工作始终充满着高度的热忱，丝毫没有了当初的懈怠之心。他按照他的计划一步一步进行着。他总是想尽办法培养他的每一位学生的各项能力，决心要让他们成为最合格最伟大的世界领袖。然而，多年以后，他的学生中并没有人成为世界领袖。但是他们大都成为了杰出的人，他们有的成了著名的作家，有的成了画家，还有的成了哲学家……他们都感恩于德克诺老师曾给予他们的最好的教导。不仅如此，德克诺所熟识的一位女士后来成为了美国政坛上的风云人物，她不是他的学生，而是他的女儿。她曾经在自传中写道：我的父亲是我一生中最好的导师，他的一言一行都让我非常钦佩。

看起来，德克诺的那个梦没有成真，然而他并没有感到遗憾。他曾经感慨地说道：“我很庆幸我做了那样一个梦，那个看似十分荒诞的梦让我对自己、对他人的看法和态度完全改变，它确实改变了我的一生。”

其实，我们也需要有那样一个梦。在我们的生命中，我们都将会遇到一位或者一些他日必定登上人生高峰的人，只不过我们无法预测在什么时间什么地点能够遇上他们。所以，我们不妨把自己生命中的每一个人都看成是与众不同的人，看成是未来的世界领袖。这样，我们也会因此而变得与众不同。

心灵感悟

给生活一个梦想，人生将变得诗意与芬芳，生命将变得璀璨而绮丽。一个培育世界领袖的梦，给予德克诺人生的信念和勇气，让他感受到了生命与事业的美丽与辉煌。生活需要梦想，没有梦想的人生是灰色的人生——就如没有梦境的睡眠与没有星星的夜空一样充满了遗憾。给自己一个梦想吧，人生将由此而美丽！

29. 为梦想而全力以赴的比尔·盖茨

戴尔·泰勒是美国西雅图一所著名教堂里的一位牧师。有一天，这位德高望重的牧师在给教会的学生们讲完课后，又给他们讲了这样一个故事：

有一位猎人带着猎狗出去打猎。在路上，他们突然碰到一只兔子，猎人二话不说，举手就是一枪，而且击中了兔子的后腿。兔子受伤后，知道有人要射杀自己，于是拼命地逃生，而猎狗则在它的后面穷追不舍。可是，没过多长时间，兔子就把猎狗给远远地甩掉了。猎狗知道自己已经不可能追上兔子了，于是只好悻悻地回到猎人身边。猎人一看，气急败坏地说："笨蛋东西，连一只受伤的兔子都追不上，你是干吗吃的？"

猎狗听了猎人的训斥后，不服气地为自己辩解道："那只兔子跑得实在是太快了，我也没有办法呀，你也看到了，我已经尽力而为了呀！"

再说兔子逃回家之后，兄弟们一看它的样子，就问它是怎么回事，兔子便把自己刚才的遭遇跟它们说了一遍。兄弟们听后，都十分惊讶，并好奇地问它："你受了这么重的伤，那只猎狗又那么凶，你是怎么把它甩掉的呢？”

兔子回答说：“它只是尽力而为，而我是竭尽全力呀！你们也知道，它追不上我，回去后最多也就被骂几句，但如果我不竭尽全力地跑，那可就连命都没了呀！”

讲完这个故事之后，泰勒牧师又向全班同学郑重承诺：不管是谁，只要他能够把《圣经·马太福音》第五章到第七章的内容全部背出来，那么他就邀请那个人到西雅图的“太空针”高塔餐厅参加免费聚餐会。

参加“太空针”高塔餐厅的免费聚餐会？这是许多人梦寐以求的事呀！但是，《圣经·马太福音》第五章到第七章的全部内容，总共有几万字之多，而且很不押韵，可以说要把这三章的内容全部背诵下来，其难度是可想而知的。所以，几乎所有的同学都望而却步了。

然而，谁也没有料到的是，几天后，一个年仅11岁的男孩，却胸有成竹地站在泰勒牧师面前，将《圣经·马太福音》第五章到第七章的全部内容一字不漏地背诵出来，而且背到最后时，简直成了声情并茂的朗诵。

作为一名牧师，戴尔·泰勒比谁都清楚，即使是成年人，能够在这么短的时间内把这些内容全部背出来，也是很少见的，更何况是一个孩子呢？于是，泰勒牧师在赞叹男孩那惊人记忆力的同时，不禁好奇地问：“你到底用的是什么方法，能够在这么短的时间内，背诵出这么长的文字呢？”

男孩不假思索地回答道：“没有什么特别的方法，我只是竭尽全力！”

十六年后，这个男孩创办了一家举世闻名的公司——微软公司，这个男孩的名字叫——比尔·盖茨。

心灵感悟

从比尔·盖茨的这个故事中，至少我们可以得到这样的启示：一个人要想出类拔萃，要想创造奇迹，要想实现自己的梦想，仅仅做到尽力而为还是远远不够的，必须要做到竭尽全力才行。

30. 有梦想更要有行动

有一个人，整天都梦想着自己有一天能够获得很多的财富，在社会上享有很高的声誉，并且娶到一位漂亮的妻子。有一天晚上，这个人碰到了一位神仙，神仙告诉他说，他的这些梦想在不久的将来就会有机会实现了。

这个人听了神仙的话，十分高兴，于是就每天在家里等着，希望自己的梦想早日实现。然而，一年过去了，两年过去了，五年过去了……他整整等了一辈子，却什么也没有实现。最后，他在穷困中孤独的死去了。

他到了西天后，又看到了那位在梦中曾经见过的神仙，于是便生气地质问神仙："你为什么要骗我？你说过要让我实现自己的梦想，可是我等了一辈子，却什么也没有等到。"

神仙回答道："我是说过给你实现梦想的机会，可是很遗憾，这些机会你却一个也没有抓住。"

那个人很迷惑，不解地问道："你说什么？我不明白你的意思。"

神仙反问道：“你还记不记得，有一次你曾经想到一个很好的点子，可是你却没有行动，因为你怕失败而不敢去尝试？”

那个人听了，点点头。

神仙继续说：“你知道吗？因为你没有采取任何行动，几年后另外一个人得知了这个点子，他果断地采取了行动，你可能还记得他吧，他就是后来变成全国最有钱的那个人。还有，你应该还记得，有一次城里发生了大地震，整座城里有一大半的房子都被地震摧毁了，很多人被困在那些倒塌的房子里，你本来可以去救出他们的，可是你却害怕小偷会趁你不在家的时候，到你家里去偷东西。你是不是以此作为借口，故意忽视那些需要你帮助的人，而只是守着自己的房子？”

那个人听了，不好意思地点点头。

神仙说：“那可是一个机会呀，如果你这次伸出了自己的援手，救出那些被困的人们，这将使你在城里得到多大的荣耀啊！”

神仙又接着问道：“此外，你还记不记得，有一位头发乌黑的漂亮女子，你很爱她，你从来就没有这么深爱过一个女人，而且在她之后你也没有再遇到过像她这么好的女人？可是你却担心她不会爱上你，更不可能会嫁给你，所以不敢向她表白，从而错过了你们之间的这段缘分？”

那个人又点点头，只是这次他流下了眼泪。

看到这，神仙无比惋惜地说：“我的朋友啊！你知道吗？她本来应是你的妻子呀，你们结婚之后，她会给你生下几个可爱的孩子，而且只要跟她在一起，你的人生就会充满乐趣。”

心灵感悟

其实，我们的身边也都会围绕着很多的机会，包括爱的机会。可是我们经常像故事里的那个人一样，总是因为害怕而停止了脚步，不敢采取行动，结果机会就溜走了。我们因为害怕被拒绝而不敢跟别人接触，因为害怕被嘲笑而不敢跟别人沟通，因为害怕失落的痛苦而不敢对别人付出感情。不过，我们比故事里的那个人多了一个优势，那就是：我们还活着，我们可以从现在起抓住和创造属于自己的机会。

第四篇　学习篇

31. 开卷有益的宋太宗

宋朝初年，宋太宗赵光义十分重视文化遗产的保护工作。他命文臣李昉（fǎng）等人编写了一部规模宏大的分类百科全书——《太平总类》。这部书收集摘录了一千六百多种古籍的重要内容，分类归成五十五门，全书共一千卷，是一部很有价值的参考书。对于这么一部巨著，宋太宗规定自己每天至少要看三卷，一年内全部看完，遂更名为《太平御览》，意思是太平兴国年间皇帝亲自阅读的书。

当宋太宗下定决心花精力翻阅这部巨著时，曾有人觉得皇帝每天要处理那么多国家大事，还要去读这么一部大书，太辛苦了，所以就去劝告他少看一些，不用每天都得看，以免过度疲劳，影响身体健康。宋太宗却回答说："开卷有益，朕不以为劳也。"意思是说，只要打开书本，总会有好处的，况且我并不觉得疲劳。他仍然坚持每天阅读三卷，有时因国事繁忙耽搁了，他也要抽空补上。

宋太宗由于每天阅读三卷《太平御览》，学问十分渊博，处理国家大事也能得心应手。当时的大臣们见皇帝如此勤奋读书，也纷纷努力，所以当时读书的风气很盛。

心灵感悟

宋太宗所说的“开卷有益”，指的是要读好书，这样才会有益；但如果读的是不好的书，那就不但没有得到好处，而且还会有坏处了。所以，我们读书时，一定要挑好书来读。

32. 乐羊子妻教导丈夫不能半途而废

战国时期，黄河岸边有个叫乐羊子的人，他的妻子是一个十分贤惠懂事理的妇女。有一次，乐羊子在路上拾到一块金子，就拿回家交给妻子。妻子却对他说："我听说有志向的人不喝盗泉的水，因为它的名字令人厌恶；也不吃别人施舍的食物，宁可饿死。更何况是拾取别人失去的东西呢？你这样做会玷污自己的品行的。"乐羊子听了妻子的话，觉得非常惭愧，于是便把捡到的金子放回了原处，并且外出求学拜师，希望能够在学问上有所进步。

然而，刚刚过了一年，乐羊子便回家了。妻子问他："你怎么刚刚学了一年就回来了呢？"乐羊子说："我在外面待时间长了，非常想念你，所以就赶回来看望一下。"妻子听后，就拿起一把剪刀走到了织布机旁，说："这些丝绸，是把蚕茧抽成丝，再通过织布机织成，是一根丝一根丝通过长时间的积累，才有一寸长；一寸一寸地积累下去，才有一丈乃至一匹长。现在如果我把这匹丝绸剪断，那么以前的劳动就算是白费了。你在外求学也要日积月累，要通过不断积累才能提高自己的学问和修养。如果学了一半就回来，这不是与剪断织布机上的丝线一样会前功尽弃吗？”

乐羊子听了妻子的这番话，非常感动，于是又赶紧外出继续求学。七年之后，乐羊子终于学成归来，并得到了魏国国君的重用，成就了一番大事业。

心灵感悟

学习是一个长期积累的过程，正如“万丈高楼从地起”。那些豪华的大楼，其实都是通过一砖一瓦堆砌而成的。我们学习也一样，只要坚持不懈的努力，总有一天你会实现自己的梦想。但如果你半途而废，那么以前的一切努力也就白费了。

33. 孔子不耻下问

孔子是我国春秋时期最伟大的思想家和教育家之一，同时也是儒家学派的创始人，被后人尊奉为圣人。然而，孔子认为，无论什么人，包括他自己，都不是一生下来就有学问的。

由于孔子十分注重礼仪，所以被请去主持鲁国国君祖庙的祭祖典礼。但孔子到了那里之后，却不时向别人询问一些相关的事宜，差不多每件事都问到了。于是，便有人在背后嘲笑孔子，说他根本就不懂礼仪，要不然就不会什么事都问别人了。孔子听到这些议论后说："对于不懂的事，问个明白，这不正是礼仪的表现吗？"

那时，卫国有个大夫叫孔圉（yǔ），虚心好学，为人正直。当时社会有个习惯，在最高统治者或其他有地位的人死后，人们都会给他另起一个称号，叫谥（shì）号。按照这个习俗，孔圉死后，卫国国君就赐他谥号为"文"，所以后来人们又称他为孔文子。但是，对于卫国国君赐给孔圉的这个谥号，孔子的学生子贡却有些不服气，他认为孔圉也有不足的地方，于是就去问孔子："老师，孔圉凭什么可以被称为'文'呢？"孔子回答说："孔圉聪敏又勤学，而且不以向职位比自己低、学问比自己差的人请教为耻辱，所以可以用‘文’作为他的谥号。”

心灵感悟

不管是谁，都不是一生下来就掌握了很多知识，或者懂得了很多学问。所有的知识和学问，其实都是靠后天的不断学习和积累得来的。而且，不管是谁，都不可能掌握所有的知识，也不可能弄懂天下所有的学问和道理。所以，要想让自己不断地进步，必须要像孔子一样，敢于向那些不如自己的人请教。其实，孔子所说的“三人行，必有我师”，就是不耻下问的表现。

34. 口若悬河的郭象

晋朝时，有一位大学问家，名叫郭象，字子玄。年轻时的郭象，不仅好学，而且对于日常生活中所接触的一些现象，都能留心观察，然后再冷静地去思考其中的道理。这使得他知识越来越渊博，对事情的分析也十分独到。因此，郭象年轻的时候，就已经是一个很有才学的人了。

后来，他又潜心研究老子和庄子的学说，并且对他们的学说有了深刻的理解。当时，有不少人慕名而来，请他出去做官，他都一概谢绝，每天只是埋头研究学问，或者和志同道合的人谈论哲理。他认为，只有这样，才能得到永恒的快乐，活得充实自在。但是，又过了些年，朝廷一再派人来请他，他实在推辞不掉，只得答应了，到朝廷中做了黄门侍郎。

到了京城，由于他的知识很丰富，所以无论对什么事情他都能说得头头是道，再加上他的口才很好，而且又非常喜欢发表自己的见解，因此每当人们听他谈论时，都觉得津津有味。当时有一个名叫王衍的太尉，十分欣赏郭象的口才，他常常在别人面前赞扬郭象说："听象语，如悬河泻水，注而不竭。"意思是说，听郭象说话，就好像一条倒悬起来的河流，滔滔不绝地往下灌注，永远没有枯竭的时候。

后来，人们根据王衍的话，引申出“口若悬河”作为成语，用来形容某人能言善辩，讲起话来滔滔不绝。

心灵感悟

古人有“一言之辩，重于九鼎之宝；三寸之舌，强于百万之师”的说法。可见，言语对于一个人是多么的重要。但如果仅仅把能说会道看成是好口才，那就大错特错了。因为如果没有深厚的知识作为底蕴，即使他再能说会道，他的语言也是空洞的，没有说服力的。所以，要想让自己拥有过人的口才，就必须和郭象一样，深入学习各种知识，掌握各种学问。

35. 囫囵吞枣

古时候，有一个医生，很喜欢给别人介绍水果的吃法。有一次，他在介绍生梨和枣子的功用时，说道："吃生梨对人的牙齿有好处，但是对人的脾脏有害处。吃枣子则恰好相反，对脾脏有好处，对人的牙齿却有害处。"这时，旁边有一个呆子听了之后，马上自作聪明地说："我倒是有一个好办法，既可以收到生梨和枣子的功效，又可以避免它们的害处。"

那位医生很感兴趣，便问道："你有什么好办法呢？说出来让大家听听。"那个呆子得意地说："我吃生梨的时候，只用牙齿咀嚼，而不咽到肚子里去，这不就可以让生梨有益于牙齿，而避免了它对脾脏的伤害了吗？"旁边有人听了这话，便问道："那么枣子怎么吃才好呢？"呆子得意地回答："这还不简单吗？等我吃枣子的时候，我就不用牙齿咬，一口吞到肚子里就是了。这样就可以让枣子对脾脏起到好的作用，又不至于伤害到牙齿了。"

医生听了反问道："你吃生梨不咽，肠胃没有吸收，怎么能有益于牙齿呢？你吃枣子一个一个地囫囵吞下去而不咀嚼，肠胃能消化吗？又怎么能对人的脾脏有好处呢？”那个呆子一听，顿时哑口无言。

心灵感悟

世间的事大都是有一利必有一弊，而要想兴利除弊，必须要有恰当的办法。我们学习知识也一样，千万不能像那个呆子一样囫囵吞枣，而是应该把要学的知识理解清楚，然后再认真地去掌握它、运用它。这样，才能算是真正的学到了知识。

36. 释亚楼谈书法的境界

唐代有一个和尚叫释亚楼，他虽然已经出家，却仍然十分勤奋。别的和尚一有空就偷偷地下棋，或者睡懒觉，而他却买来笔墨纸砚，学习书法。每天都在自己的房间里练习到深更半夜。

随着时间一年年地过去，释亚楼的书法水平也越来越高，而且名气也越来越大。很多到他们寺庙里来烧香拜佛的人，也来请他写字。由于释亚楼最擅长写草书，所以便有人向他请教："请问大师，什么样的草书才算是上好的呢？"释亚楼没有说话，只是在纸上写下了八个字："飞鸟出林，惊蛇入草。"他的意思是说，字体飘逸得像小鸟飞翔，笔势遒劲得像受到惊吓而窜入草丛中的蛇一样，这就是上好的草书了。

心灵感悟

练字实际上也是一种修炼。当你通过刻苦练习，使自己的书法水平逐渐提高时，那种成就感是可想而知的。而当你以自然为师，使自己的书法与大自然融为一体时，那种“天人合一”的美妙感觉，则是难以用言语来形容的。这就难怪为什么当有人问释亚楼什么是上好的草书时，释亚楼没有直接回答，而是提笔写下“飞鸟出林，惊蛇入草”这八个字的原因了。这一“出”一“入”，实际上也一语道破了书法艺术的最高境界。

37. 囊萤映雪的车胤

晋代时，有一个非常好学的孩子名叫车胤（yìn），但由于家里比较穷，无法为他提供良好的学习环境，甚至没有钱买灯油供他晚上读书。所以，车胤只能利用白天的时间看书。有一年夏天的晚上，车胤正在院子里背诵诗文，忽然看见许多萤火虫在旁边飞舞，看着那一闪一闪的光点，车胤马上想到，如果把这些萤火虫集中在一起，不就成为一盏明亮的灯了吗？于是，他很快就找来一只透明的口袋，并抓了几十只萤火虫放在里面，然后扎住袋口。果然，一盏明亮的灯马上就出现在车胤的面前了。从此，每到夏天的晚上，车胤就出去抓一把萤火虫来当作灯用。车胤的勤奋好学，最后终于使他成为一个很有学问的人。

与车胤同朝代的孙康，也是一个十分好学的孩子，他小的时候家里也很穷，所以他也只能白天看书，晚上早早地就睡觉了。有一年冬天的半夜，孙康起来上厕所，突然看见窗缝里透进来一丝光亮，他打开窗一看，发现原来是大雪映出来的。看到这一幕后，孙康顿时困意全失，马上穿好衣服，拿出书本，走出屋外，站在宽阔的雪地上看起书来。手脚冻僵了，他就在雪地上跑步，等身体热了再接着看书。经过无数个夜晚孜孜不倦地努力之后，孙康的学识突飞猛进，最后终于成为一位饱学之士。

心灵感悟

这两个故事或许只是虚构，毕竟把几十只萤火虫放在一个口袋里面，它们所发出来的光线还是十分微弱的，更何况古代根本就没有像现代这样透明度极高的口袋呢？但这两个故事却告诉我们，即使我们面对无边无际的黑暗，我们的身边仍然会有光亮的地方，即使它是那样的微弱，但却给我们带来了希望和勇气，因为它是我们心中永不熄灭的明灯。

38. 士别三日刮目相看的吕蒙

吕蒙是三国时期吴国的将领，他武艺高强，战功卓著，可是却不爱读书，所以很多人都看不起他。于是，吴主孙权就对吕蒙说：“你现在身居要职，要多读书，才能明白更多的道理。”但吕蒙却说军务繁忙没有时间，孙权说：“我又不是让你成为学问渊博的学者，只是让你读点书，增长一点见识，开阔一些视野。你说军务繁忙，难道你比我还忙吗？我常常抽时间读书，感到收获很大。”吕蒙听完了孙权的劝说，觉得很有道理，于是开始利用空余时间读书。

后来，鲁肃要到陆口去任职，路过吕蒙的辖区时，鲁肃觉得吕蒙是个大老粗，不想去见他。有人劝他说：“吕将军已经今非昔比了，应该去看看他。”于是鲁肃就来见吕蒙。大家喝酒喝得高兴时，吕蒙问鲁肃：“现在将军重任在身，要与关羽为邻了，要怎么防备他呢？”鲁肃说：“还没想过，到时候再说吧。”吕蒙说：“现在吴蜀虽然结成了联盟，但关羽是虎狼之人，怎么能不早作准备呢？”于是就给鲁肃献上了五条计策。

鲁肃一听，非常惊奇，说：“你如今的才干谋略，已不再是过去的阿蒙了！”吕蒙说：“对于有志气的人，分别了数日后，就应当擦亮眼睛重新看待他了！”

心灵感悟

只要愿意学习，每个人都是可以不断进步的。所以，不要因为别人看不起自己而自暴自弃，更不要因为别人暂时还不如自己而轻视他，因为每个人身上都有无限的潜能。

39. 温如春拜师

春秋战国时期，有一位富家公子名叫温如春，幼时即好琴艺，长大了，自然也能露那么几手。

某次他到山西去旅游，在一座寺庙前看到一个闭目打坐的道人，道人旁有一布袋，袋口微露出一点古琴的角儿，温如春大奇："这老道也会弹琴？"于是，就上前大大咧咧地发问："请问道长可会弹琴？""略知一二，正想拜师。"道人微睁双目，语气十分谦恭。"那就让俺来弹弹吧。"温如春毫不客气地说。

道人把琴拿出，温如春立即盘腿席地而弹，先是随随便便地弄了一首，道人微微一笑，不说一句话。温如春便又使出生平所学弹了一首，道人仍默然。温如春恼火了，生气地说："你怎么不吭声，是我弹得不好吗？"

"还可以吧，但不是我想拜的师傅。"

这下，温如春可就沉不住气了："哦，你倒是挺会弹的了，不如让我见识一下。"

道人并不答腔，只拿过琴来，轻抚几下，开始弹奏，其声如流水淙淙，又如晚风轻拂，温如春听得如痴如醉，连寺庙旁大树都停满了鸟儿。一曲终了许久，温如春方如梦初醒，立即向道人行起了大礼，拜请为师。

心灵感悟

读过武侠小说的朋友，大概都有一个很深刻的印象，那就是真正的高手从来不显摆自己的能耐，尤其是在决战的时候，更是没有半点花招。其实，这样的高手不仅仅出现在小说中，在现实中也同样存在，他们身怀绝技，却又为人低调，不出手则已，一出手就定输赢。

40. 江郎才尽

南北朝的时候，河南考城这个地方出了一个著名的文学家，名叫江淹。江淹从小就失去了父亲，与母亲相依为命。在这样艰苦的环境下，江淹读书十分用功，在年轻的时候就能写得一手好诗文，成为当时极负盛名的文学家，于是人们便称他为“江郎”。不久之后，江淹就受到朝廷的重用，当上了大官。然而，生活条件的优裕使江淹不愿再去刻苦读书，而且越来越脱离下层人民的生活。因此，等他到了晚年的时候，文章不但没有写得更好，而且越来越退步。对此，人们有很多种传说。

有的说，有一次江淹外出乘船停靠在禅灵寺旁边的河里，夜里睡觉的时候梦见一个自称是张景阳的人向他讨回过去借给他的一匹绸缎，江淹便从怀里拿出自己剩下的几尺绸缎还给了他。从此，江淹的文章水平就大不如前了。

也有人说，有一天江淹在凉亭里睡觉，做了一个梦。梦中有一个叫郭璞的人对他说：“我有一支五色笔放在你那里已经很多年了，现在应该是还给我的时候了。”江淹摸了摸怀里，果然有一支五色笔，于是便掏出笔来还给了郭璞。

从此以后，江淹就再也写不出美妙的文章了。

心灵感悟

江淹小的时候，由于读书很用功，再加上生活条件的艰辛，使他写出的文章与生活比较接近，所以受到人们的称赞。但他当上大官之后，面对着舒适的生活，就再也不愿意用功读书了。这样一来，文采当然就退步了。至于那些种种传说，只不过是人们为江淹找出一些善意的借口罢了。

第五篇　友情篇

41. 高山流水遇知音

伯牙是我国古代著名的音乐家。有一年，他奉晋王之命出使楚国。八月十五那天，他乘船来到了汉阳江口。由于遇到大风浪，所以就停泊在一座小山下。晚上，风浪平息下来之后，伯牙见这里景色十分迷人，于是就拿出随身带来的琴，专心致志地弹了起来。正当他沉醉在优美的琴声之中时，猛然看到一个人在岸边一动不动地站着。伯牙吃了一惊，手下用力，“啪”的一声，琴弦被拨断了一根。伯牙正在猜测岸边的那个人为何而来时，就听到那个人对他说：“先生，我是个打柴的，回家路过这里时，正好听到您在弹琴，觉得琴声很美妙，于是就不由自主地站在这里听了起来。”伯牙心想：一个打柴的，怎么能听懂我的琴声呢？于是就问他自己刚才弹的是什么曲子。那个打柴的人笑着回答：“先生，您刚才弹的是孔子赞叹弟子颜回的曲子，只可惜您刚弹到第四句的时候，琴弦就断了。”打柴人说得一点也不错，伯牙不禁大喜，于是立刻邀请他上船来细谈。经询问后，才得知他的名字叫钟子期。两个人谈了一会话后，伯牙又为钟子期弹了几曲，并请他辨识琴音。当伯牙弹奏的琴声雄壮高亢的时候，钟子期便说："这琴声表达了高山的雄伟气势。"当琴声变得清新流畅时，钟子期又说："这琴声表达的是无尽的流水。"伯牙听了之后，不禁惊喜万分，因为自己用琴声表达的心意，过去没人能听得懂，而眼前的这个樵夫，竟然能听得明明白白。之后，两人越谈越投机，相见恨晚，结拜为兄弟。约定第二年中秋再到这里相会。

第二年中秋时，伯牙如约来到了汉阳江口，但他却没有见到钟子期来赴约，于是他便向一位老人打听钟子期的下落，老人告诉他："先生，真的很不幸，钟子期已经染病去世了。但他临终前，曾经留下遗言，把他的坟墓修在江边，以到八月十五时，能够听到俞伯牙的琴声。"听了老人的话，伯牙悲痛万分，他来到钟子期的坟前，弹起了著名的古曲《高山流水》。弹罢，长叹一声说："我唯一的知音已经不在人世了，这琴声还能弹给谁听呢？"说完便挑断了琴弦，把自己心爱的琴摔碎了。

心灵感悟

伯牙因为知音的离世而把自己最心爱的琴摔碎了，从此再不弹琴，确实很可惜。但从这个故事中，我们也可以看出，真正的友谊是极为难得的，所以我们一定要真诚地对待每一位朋友，不要等到失去了才后悔。

42. 管鲍之交

从前，齐国有一对很要好的朋友，一个叫管仲，另外一个叫鲍叔牙。年轻的时候，管仲家里很穷，又要奉养母亲。鲍叔牙知道了，就找管仲一起投资做生意。做生意的时候，因为管仲没有钱，所以本钱几乎都是鲍叔牙拿出来投资的。可是，当赚了钱以后，管仲却拿得比鲍叔牙还多，鲍叔牙的仆人看了就说："这个管仲真奇怪，本钱拿的比我们主人少，分钱的时候却拿的比我们主人还多！"鲍叔牙却对仆人说："不可以这么说！管仲家里穷，又要奉养母亲，多拿一点没有关系的。"

有一次，管仲和鲍叔牙一起去打仗，每次进攻的时候，管仲都躲在最后面；每次撤退时，他却跑在最前面。大家就骂管仲说："管仲是一个贪生怕死的人！"鲍叔牙马上替管仲说话："你们误会管仲了，他不是怕死，他得留着他的命去照顾老母亲呀！"管仲听到之后说："生我的是父母，最了解我的人是鲍叔牙呀！"

后来，齐国的国王死掉了，公子诸当上了国王，但他每天只知道吃喝玩乐，从来不做正事，鲍叔牙预感齐国一定会发生内乱，就带着公子小白逃到莒（jǔ）国，管仲则带着公子纠逃到鲁国。

不久之后，齐王诸被人杀死，齐国一下子就没有了国王，于是鲍叔牙带着公子小白从莒国往齐国敢，管仲也带着公子纠从鲁国往齐国赶，谁先赶到，谁就能够当上齐国的国王。在回国的途中，管仲想杀掉小白，让纠能顺利当上国王，可惜管仲在暗算小白的时候，把箭射偏了，射到了小白的腰带上，小白不但没死，而且还赶在管仲和公子纠之前回到齐国，顺利当上了国王。

小白当上国王以后，决定封鲍叔牙为宰相，鲍叔牙却对小白说："管仲各方面都比我强，应该请他来当宰相才对呀！"小白一听，就说："管仲要杀我，他是我的仇人，我不杀他也就算了，你居然叫我请他来当宰相！"鲍叔牙却说："这不能怪他，他是为了帮他的主人纠才这么做的呀！"小白听了鲍叔牙的话，就请管仲回来当宰相，而管仲也真的帮小白把齐国治理得非常好。

鲍叔牙推荐管仲以后，自己甘愿做他的下属。鲍叔牙的子孙世世代代在齐国吃俸禄，得到了封地的有十多代，常常成为有名的大夫。天下的人不赞美管仲的才干，而赞美鲍叔牙能了解人。

后来，大家在称赞朋友之间有很好的友谊时，就会说他们是"管鲍之交"。

心灵感悟

每读史书，常人论及齐桓公称霸中原的故事，皆多称赞管仲辅佐之功，而我则独赏鲍叔牙的品德。实际上，如果没有鲍叔牙，管仲充其量也只是中国历史上又一个怀才不遇的倒霉蛋罢了。所以，管仲最大的幸运是拥有鲍叔牙这个朋友。我们知道，知人难，知人而能荐人更难，而将能力超过自己的人推荐来接替自己的位置，则更是难上加难。可见，鲍叔牙确实是一位真正的君子啊！

43. 四海之内皆兄弟

春秋时期，司马牛和子夏都是孔子的学生。有一次司马牛向孔子请教怎样做一名合格的君子。孔子对他说：“君子就是不忧愁，不畏惧。”

司马牛问道：“不忧愁，不畏惧，就叫做君子了吗？”

孔子说：“君子经常反省自己，所以内心毫无愧疚，还有什么可忧愁和畏惧的呢？”

后来，司马牛又常常为自己家里没有兄弟而忧愁。于是，子夏便安慰他说：“我听说过‘生死由命运来主宰，富贵由上天来安排。’君子对工作谨慎认真，不出差错；和人交往，态度恭谨而合乎礼节，那么普天之下就到处都是兄弟了（原文是‘四海之内皆兄弟也’）。所以，君子何必担忧没有兄弟呢？”

心灵感悟

好一句“四海之内皆兄弟”呀！其实，一个人，只要拥有宽广的胸怀和海纳百川的气度；与人交往，言而有信，那么，全天下的好人就都是他的兄弟了！

44. 负荆请罪的廉颇

战国末期，齐、楚、燕、韩、赵、魏、秦并称为“战国七雄”。这七国当中，又数秦国最强大，赵国比较弱小，所以秦国常常欺侮赵国。但由于赵国有一个机智、勇敢的大夫叫蔺相如，每次都给赵国争得不少面子。秦王见赵国有这样的人才，于是就不敢再小看赵国了。赵王也因此更加看重蔺相如，并封他为上卿。

赵王对蔺相如的重用，使赵国的大将军廉颇很不服气。他想：我为赵国拼命打仗，功劳难道不如蔺相如吗？蔺相如光凭一张嘴，没有什么了不起的本领，凭什么他的地位比我还高？他越想越不服气，最后怒气冲冲地说：“我要是碰着蔺相如，要当面给他点儿难堪，看他能把我怎么样！”

廉颇的这些话传到了蔺相如耳朵里。蔺相如立刻吩咐他手下的人，叫他们以后碰着廉颇手下的人，千万要让着点儿，不要和他们争吵。他自己坐车出门，只要碰到廉颇，就叫车夫把车子赶到小巷子里，等廉颇过去后再走。蔺相如手下的人受不了这个气，就跟蔺相如说：“您的地位比廉将军高，他骂您，您反而躲着他，让着他，他越发不把您放在眼里啦！这样下去，我们可受不了。”

蔺相如听完他们的埋怨，便问他们：“你们觉得廉将军跟秦王相比，哪一个更厉害呢？”“当然是秦王厉害。”大家异口同声地说，蔺相如说：“对呀！我见到秦王都不怕，难道还怕廉将军吗？要知道，秦国现在不敢来打赵国，就是因为赵国有我和廉将军在，如果我们俩闹不和，自然就会削弱赵国的力量。并给秦国创造进攻赵国的大好机会。你们想想，是国家的事要紧，还是私人的面子要紧？”

蔺相如手下的人听了这一番话，非常感动，以后见到廉颇手下的人，都小心谨慎，并让着他们。不久之后，蔺相如的这番话传到廉颇那里。廉颇感到很惭愧，于是他脱掉一只袖子，露出肩膀，背上一根荆条，直奔蔺相如家。蔺相如连忙出来迎接廉颇。廉颇对着蔺相如跪下，双手捧着荆条，请蔺相如鞭打自己。蔺相如急忙把荆条扔在地上，并扶起廉颇，给他穿好衣服，拉着他的手请他坐下相谈。

从此，廉颇和蔺相如成为很要好的朋友，并齐心协力，保卫赵国。

心灵感悟

蔺相如能够顾全大局，并对廉颇宽容大度，确实令人敬佩和赞叹。但廉颇知错而改，并亲自惩罚自己，也足见其悟性之好。所以，一个人犯了错误并不可怕，怕的是犯了错误而不知悔改。

45. 危难时刻见真情的太史慈

三国时期，吴国有一个著名的将领叫太史慈，他年轻的时候就武艺高强，很有心计，远近闻名。当时，大名士孔融听说了太史慈这个人时，对他非常欣赏，认定他是一位难得的奇才，很想与他结交，于是便多次派人去看望他的母亲，并向他的母亲赠送了丰厚的礼物。这让太史慈的母亲非常感动。

当时还是东汉末年，黄巾起义风起云涌，孔融所在的地方也被黄巾军给包围了，情势十分危急。此时，正好太史慈由辽东回家，太史慈的母亲便让他赶紧去解救孔融。她说："你和孔融并不认识，但是他在你走后，派人非常周到地照顾我的生活。今天他被敌军围困，你应该赶紧去救他啊！"

太史慈赶到孔融的驻地，趁夜间找机会进入城内，拜见孔融。孔融便派太史慈去找刘备搬救兵。太史慈找到刘备后，对他说："我与孔融非亲非故，但都是讲道德仁义的人。现在孔融被围，危在旦夕。您有仁义之名，能救人之急。因此孔融让我冒着生命危险突出重围向您求救。"刘备闻言，恭敬地回答："孔融知道这世上还有我刘备这个人吗？真是太看得起我了。"说罢，刘备便立即调遣精兵三千跟随太史慈前去解救孔融，而黄巾军听说有救兵前来，很快便四散而去，孔融也得救了。

心灵感悟

太史慈与孔融虽然并不认识，但当他知道孔融曾经照顾过自己的母亲时，便冒着生命危险前去解救正在危难中的孔融。这就是我们平常所说的受人滴水之恩，当思涌泉相报。实际上，这也是我们做人的根本。

46. 薛仁贵君子之交淡如水

相传唐贞观年间，薛仁贵尚未得志之前，与妻子住在一个破窑洞中，衣食无着落，全靠王茂生夫妇经常接济。

后来，薛仁贵参军，在跟随唐太宗李世民御驾东征时，因薛仁贵平辽功劳特别大，被封为“平辽王”。一登龙门，身价百倍，前来王府送礼祝贺的文武大臣络绎不绝，可都被薛仁贵婉言谢绝了。他唯一收下的是普通老百姓王茂生送来的两坛“美酒”。

一打开酒坛，负责启封的执事官吓得面如土色，因为坛中装的不是美酒而是清水！“启禀王爷，此人如此大胆戏弄王爷，请王爷重重地惩罚他！”岂料薛仁贵听了，不但没有生气，而且命令执事官取来大碗，当众饮下三大碗王茂生送来的清水。

在场的文武百官不解其意，薛仁贵喝完三大碗清水之后说：“我过去落难时，全靠王兄弟夫妇经常资助，没有他们就没有我今天的荣华富贵。如今我美酒不沾，厚礼不收，却偏偏要收下王兄弟送来的清水，因为我知道王兄弟贫寒，送清水也是王兄的一番美意，这就叫君子之交淡如水。”

此后，薛仁贵与王茂生一家关系甚密，“君子之交淡如水”的佳话也就流传了下来。

心灵感悟

所谓“君子之交淡如水”，真正的友谊，其实是没有任何外在条件的，但这样的友谊却往往能够天长地久。如果一个人，只想和条件比自己好的人交朋友，那么他就是一个贪图富贵的人，而这样的人是不值得交往的。

47. 三生有幸

唐朝的时候，有一个法号叫“圆泽”的高僧，他有一个很要好的朋友，名叫李源。

有一天，他们两人相约一同去游览长江三峡，当他们路过一个村子时，突然看到一位孕妇正在溪边打水。这时，圆泽指着妇人对李源说：“这个妇人已经怀孕三年了，正等着我去投胎做她的儿子呢，可是我却一直躲着，现在既然已经碰上，就没法再逃避了。三天后，这位妇人会生下一个孩子，到时你到她家去看看，如果那个婴儿对你笑一笑，那便是我。十二年后的中秋之夜，我在杭州天竺（zhú）寺的三生石上等你，到那时我们再相会吧！”

那天夜里，圆泽果然圆寂了，而那位孕妇也在三天后生下一个男婴。当李源到那位妇人家里去探望时，那个婴儿果然对他笑了笑。

十二年后的中秋之夜，李源如期来到天竺寺，刚到寺门口，就看到那个牧童在牛背上唱歌：“三生石上旧精魂，赏月吟风不要论。惭愧情人远相访，此身虽异性常存。”这首歌谣的意思是：在三生石上和你相见的，仍然是旧时的我啊！我还清楚地记得我们过去一起赏月吟诗的情景，感谢你从远地赶来探望我，你对我的这份情谊，实在令我感动。虽然我的面貌和往日已不相同，但我对你的友谊却是永恒不变的。

心灵感悟

这个故事真是太美妙了，虽然只是故事，但我们却可以从中看到了世间这种纯真而永恒的友谊。人到底有没有前生和来生呢？我们不知道。但如果能够在今生遇到一位志趣相投的知己，应该也算是三生有幸了。

48. 徐悲鸿和齐白石的忘年交

徐悲鸿和齐白石，这两位中国画坛的巨匠，犹如双子星座般永远闪耀在艺术的天空，而他们之间的友谊，也成为一段佳话永远在人间流传。

齐白石本是木匠出身，但凭着自身的天赋和刻苦勤奋，不仅在绘画上取得很高的造诣，而且一枝独秀，不落古人窠臼。但在当时以模仿古人为能事的国画界，齐白石的处境十分尴尬，唯徐悲鸿对其画作甚为赞叹、敬佩。徐悲鸿于1929年担任北平艺术学院院长后，亲自登门拜访这位仰慕已久却又素不相识的画家，并提出欲聘其为北平艺术学院教授的请求，但连去两次，齐白石均婉言拒绝了。徐悲鸿没有灰心，又第三次登门邀请。67岁的老画家被深深感动了，终于道出顾虑：自己从没有进过洋学堂，连小学都没有教过，又如何能教大学？若遇上学生调皮捣蛋，自己这把年纪，恐怕摔个跟斗就爬不起来了。徐悲鸿便告之：他无须讲课，只要在课堂上给学生们作画示范就行，并且自己一定在旁边陪其上课。这样，齐白石才答应一试。

次日清晨，徐悲鸿亲自坐着马车来恭请，学生则站在校门前以热烈的掌声迎接老画家来校任教。齐白石登室，当场作画，学生都在一旁仔细观摩。画完后，在徐悲鸿的引导下，齐白石与学生展开了热烈的讨论。这堂课上得生动有趣，学生、徐悲鸿以及齐白石自己都觉得很满意。课后，徐悲鸿又亲自送齐白石回家。临别时，老画家激动地说："徐先生，你真好，我以后可以在大学教书了，我应当拜谢你。"说着便双膝下屈，要给只有34岁的晚辈徐悲鸿行大礼。徐悲鸿慌忙扶住他，热泪盈眶……两位画坛大师，就这样开始了他们终生不渝的友谊。

心灵感悟

自古以来，"文人相轻"一直是一种病态的社会现象，而从徐悲鸿和齐白石的身上，我们却看不到半点这样的毛病。看来，真正有水平的大师都是一样的，那就是他们都拥有宽广的胸怀，而且彼此惺惺相惜。

49. 朋友间相处的艺术

在阿拉伯传说中，有两个朋友在沙漠中旅行，在旅途中的某个地方，他们吵架了，一个还给了另外一个一记耳光。

被打的觉得受辱，一言不语，在沙子上写下了这样一句话："今天我的好朋友打了我一巴掌。"

他们继续往前走，当他们路过一片沼泽地时，被打巴掌的那个人因为不小心，差点淹死，幸好被朋友救了上来。

被救起后，他拿了一把小剑在石头上刻了这样一句话："今天我的好朋友救了我一命。"

一旁好奇的朋友问道："为什么我打了你以后，你要写在沙子上，而现在要刻在石头上呢？"

那个人笑笑，回答说："当被一个朋友伤害时，要写在易忘的地方，风会负责抹去它；相反，如果被帮助，就要把它刻在心里的深处，那里任何风都不能抹灭它。"

心灵感悟

朋友的伤害往往是无心的，帮助却是真心的。所以，忘记那些无心的伤害，铭记那些对你真心的帮助，你会发现这世上你有很多真心的朋友……

50. 把热血献给最好的朋友

有这样一个真实的故事，发生在越南的一个孤儿院里，当时正值美国人入侵越南，一颗炸弹被扔进了孤儿院，几个孩子和工作人员被炸死了。还有几个孩子受了伤。其中有一个小女孩流了很多血，伤得很重！

不久后，一个医疗小组来到这里，小组只有两个人，一个女医生和一个女护士。

女医生很快进行了急救，但是女孩留了很多血，需要输血。医生给在场的所有人都验了血，终于发现有几个孩子的血型和小女孩是一样的。可是，因为那个医生和护士都只会说一点点越南话，而在场的孤儿院的工作人员和孩子们都只能听懂越南话。于是，女医生尽量用自己仅会的一点越南语加上一大堆手势告诉那几个孩子："你们的朋友伤势很重，她需要血，需要你们给她输血！"

终于，孩子们点了点头，好像听懂了，但眼里却藏着一丝恐惧！孩子们没人吭声，没有人举手表示自己愿意献血！女医生没有料到会是这种结局！一下子愣住了，为什么他们不肯献血来救自己的朋友呢？难道刚才对他们说的话，他们没有听懂吗？

忽然，一只小手慢慢地举了起来，但是刚刚举到一半又放下了，好一会儿又举了起来，再也没有放下！医生很高兴，马上让那个小男孩躺在床上。小男孩僵直地躺着，看着针管慢慢地插入自己细小的胳膊，看着自己的血液一点点地被抽走！眼泪不知不觉地顺着脸颊流了下来。医生紧张地问是不是针管弄疼了他，他摇摇头。但是眼泪还是没有止住。医生有一点慌了，肯定是有什么地方弄错了，但是到底错在哪里呢？

关键时候，一个越南的护士赶到了这个孤儿院。女医生把情况告诉了越南护士。越南护士忙低下身子，和床上的孩子交谈了一下，不久后，孩子竟然破涕为笑了。原来，那些孩子误解了女医生的话，以为她要抽光一个人的血去救那个小女孩。一想到不久以后就要死了，所以小男孩才哭了出来！

医生终于明白为什么刚才没有人自愿出来献血了！但她又有一件事弄不明白，于是又问："既然以为献过血后就要死了，为什么他还愿意出来献血呢？"

越南护士于是用越南语问了一下小男孩，小男孩不假思索就回答。其实答案也很简单，只有几个字，但却感动了在场的所有人。

他说："因为她是我最好的朋友！"

心灵感悟

培根说："缺乏真正的朋友，乃是最纯粹最可怕的孤独；而没有友谊，世界将是一片荒野。"是的，真挚的友情，就像一棵树；而真诚的帮助，就像是浇灌树木的雨露。

第六篇　寓言篇

51. 开天辟地

据说在没有天地和万物之前，宇宙中到处是一片混沌，好像一个浑圆的鸡蛋。在这浑圆的物质当中，孕育了创造世界的盘古。

盘古在浑圆的物质里睡了一万八千年。当他醒来时，发现眼前漆黑一团，他胳膊一伸，腿脚一蹬，浑圆的鸡蛋就被撑破了。轻而清的阳气上升，变成了高高的蓝天；重而浊的阴气下沉，变成了辽阔的大地。从此，宇宙间就有了天地之分。

盘古挺立在天地之间。以后，天每日增高一丈，地每日增厚一丈，盘古也每日长高一丈。这样光阴又过了一万八千年，天高得不能再高，地深得不能再深，盘古自己也变成了九万里长的顶天立地的巨人，支撑着天和地，使它们不再回复为过去的混沌状态。

盘古开天辟地时，天地间只有他一个人。后来，天地随着他的情绪而变化。他高兴时，就万里无云；他发怒时，天气就变得阴沉；他哭泣时，天就下雨，落到地上汇成江河湖海；他叹气时，大地上就刮起狂风；他眨眨眼睛，天空就出现闪电；他发出鼾声，空中就响起隆隆的雷鸣声。

不知经过多少年，天地之间不再需要盘古，盘古就躺倒在地上。盘古的身体使宇宙具有了形状，同时也使宇宙中有了物质。盘古的头变成了东山，他的脚变成了西山，身躯变成了中山，左臂变成了南山，右臂变成了北山。这五座圣山确定了四方形大地的四个角和中心，并各自支撑着天的一角。后来，又有了传说中的远古帝王——三皇，即天皇、地皇和人皇。

心灵感悟

这个故事当然只是传说，但通过这个传说的故事，我们可以从中认识到宇宙的神奇和力量。所以，不管我们做什么事，只要遵循自然的法则和宇宙的定律，就没有不成功的。

52. 八仙过海

传说古时候有八个神仙，他们分别是铁拐李、张果老、汉钟离、曹国舅、蓝采和、吕洞宾、何仙姑与韩湘子。这八个神仙的相貌和脾气都各有特色，他们经常在聚在一起论道，展示自己的独门法术。

有一天，王母娘娘邀请他们去参加一个宴会。他们在赴宴的途中，需要渡过东海。茫茫东海，浩瀚无边，天下的凡人和船只根本就没有办法穿越它。于是吕洞宾便提议："不如我们八个人每人都将自己随身所带的一件宝物投进大海，让这些宝物载我们过海吧！"大家一致同意吕洞宾的意见。铁拐李首先把拐杖投进海里，自己稳稳地站在上面，屹立在浪花之上。接下来，韩湘子投下花篮，吕洞宾投下玉箫，蓝采和投下大拍板，汉钟离投下大鼓，张果老投下一匹纸驴，曹国舅投下玉笏（hù），何仙姑投下竹罩。然后，他们各自站在自己的宝物上面，依靠自己的神力，乘风破浪，终于顺利地到达了东海对岸，如期参加了王母娘娘的宴会。

心灵感悟

从这个传说的故事中，我们可以看出八仙的神奇。但实际上，我们每个人也和八仙一样，拥有着神奇的大脑。所以，如果我们能够好好利用自己大脑中的潜能，那么我们照样可以创造出一个传奇的人生。

53. 井底之蛙

有一只长期在井底生活的青蛙，有一天，它抬头看天的时候恰巧碰见一个路过井边的海鳖。于是这只青蛙便得意地夸耀说：“朋友你好，我生活在这里快乐极了！出去时，我可以任意跳到井的栏杆上去；进来时，我就在洞里休息；我到水里时，水就挨着我的腋下，托着我的下巴；踩进泥泞里，泥就淹没了双脚。环视一下我周围的蝌蚪和螃蟹，都比不上我啊。况且我独占一个坑的水，这简直好极了！您为什么不进来看看呢？”

海鳖想进去看看，可是井太小，它左脚还没进去，右脚就被卡住了，于是只好慢慢地退回来。它对井蛙说：“我住的那个海啊，千里都不能形容它的大。夏禹的时候，十年有九年都发生水灾，但是海水却没有因此而增加；商汤的时候，八年有七年都发生旱灾，而海水也没有因此而减少。我们那个海啊，不会因为时间的长短而有所改变，也不会因为雨量的多少有所增减。这就是我们住在大海最大的快乐了。”

这只青蛙听了海鳖的一番话后，十分惊讶，才知道自己住的地方有多么狭小，顿时感到非常惭愧。

心灵感悟

这本是《庄子》里面的一个寓言故事，后来，人们就把这个故事概括为“井底之蛙”，用来比喻见识短浅又盲目自大的人；也指那些看问题很片面、知识粗浅、眼界狭小的人。所以，要想使我们的眼界不断的开阔，看问题更加全面，就不能像那只青蛙一样，只守着一个地方。

54. 刻舟求剑

从前，楚国有一个人坐船渡江时，一不小心将随身佩带的一把宝剑掉到江里去了。但他却一点都不着急，也没有立即下去寻找宝剑，而是不慌不忙地在船边剑掉下去的地方刻下一个记号，并说："我的剑是从这个地方掉下去的。"便继续向前航行，等船靠岸之后，那个人才把船停下来，然后从船上刻着记号的地方跳到河里去寻找他的那把剑。结果，他当然找不到那把剑了。

心灵感悟

船已经走很远了，而剑还在原来的地方，却用刻舟求剑的办法来找剑，那不是很糊涂吗？从这个故事中，我们可以悟出这样一个道理：世界上的事物，总是在不断地发展和变化的。所以，我们想问题、办事情时，都应当考虑到这种变化，随机应变，才能够把事情办好。

55. 苟延残喘

有一天，东郭先生突然想到北方的中山国去找个官做做，于是他收拾行装后便骑着一头驴上路了。东郭先生骑着驴，走着走着，不知怎么就迷了路。他看见前面尘土飞扬，又不知道自己在什么地方，心里感到很害怕。

突然，一只狼跑到他面前，伸着脖子哀求道：“先生不是很愿意帮助有困难的人吗？现在赵简子正在追捕我，您能让我早点躲进您的书袋里，使我垂危的生命暂且延续下去吗？将来如果我有出头之日，先生就是我的救命恩人了。”东郭先生听了狼的这番话，心一软，就把狼藏进了书袋里。

等追捕狼的赵简子走远了，东郭先生才把狼放出来。这时，狼突然目露凶光，狡猾地说：“谢谢你救了我，不过我现在饿极了，你心肠这么好，就让我把你吃了吧。”说完就朝东郭先生扑了过去。正在这危急时刻，幸好又来了一个猎人，一箭就把那只狼给射死了。

心灵感悟

狼是一种凶狠的动物，不会因为你曾经救过它就放过你。所以，对于那些坏人，我们千万不要盲目地同情，因为一旦我们帮助了他们，他们就会去做更多的坏事。

56. 杀鸡取卵

在很久很久以前，有一个人养了一只鹅。这只鹅并不是一只普通的鹅，而是一只会下金蛋的鹅，它每天都会下一个金蛋。这个人非常喜欢这只鹅，把它看成自己的宝贝，因为鹅带给了他富贵。后来，这个人变得越来越贪心，已经不能满足于一天一个金蛋，于是他决定把鹅杀了，一次性取出所有的蛋。这种愚蠢做法导致的结果可想而知：当这个人刨开鹅的肚子时，他只找到了一堆鹅屎，连金蛋的影子都没有。这个人顿时傻了眼，懊悔不已。从此以后，他连每天的那一只金蛋也没有了。

心灵感悟

故事中能生金蛋的本来是一只鹅，但人们传来传去，最后却变成了鸡，所以就有了“杀鸡取卵”这个成语。但这个并不重要，重要的是这个故事告诉了我们这样一个道理：只有顺其自然，知足常乐，才能够拥有更多的东西。如果贪心太重，结果往往什么也得不到。

57. 拔苗助长

古代时，宋国有一个农夫，是个急性子的人。他每天总是起早贪黑地下地干活，辛苦地劳动，并盼望着田里的禾苗快快成长，于是今天去量量、明天又去量量，可是一天过去了，两天过去了，三天过去了……他总感到禾苗好像一点儿也没有长高，心中十分着急。有一天晚上，他躺在床上翻来覆去却睡不着，因为他一直在想：怎么才能帮助禾苗快快长高呢?

想着想着，他终于想出了一个“好办法”，于是美滋滋地睡着了。

第二天，他早早起来，跑到田地里，然后把禾苗一棵一棵地往上拔高。从早晨干到中午，又从中午干到太阳落山，他终于把田里的禾苗全都给拔了一遍，自己也累得精疲力竭，腰酸腿痛，但他心里却非常高兴，因为他认为自己的这个办法非常高明。

晚上，他拖着疲惫的双腿，摇摇晃晃回到家里，顾不得擦干身上的汗水，就兴奋地告诉家人：“你们等着瞧吧，今年庄稼的收成，哪家也比不上我们家。”

他的妻子觉得很奇怪，于是就问他："你有什么好办法？"

他骄傲地说："为了让我们的禾苗快快长高，今天我累了一天，一棵一棵的都把它们给拔高了。"

他的儿子听了之后，不明白是怎么回事，第二天赶紧跑到田里去看看到底怎么回事。一看之下，儿子终于明白自己的父亲到底干了什么"好事"了，因为他们家田里的禾苗全都枯死了。

心灵感悟

宋国的那个农夫，他的愿望是好的，但方法却是很糟糕。所以，如果你也是一个热心的人，那么在帮别人做好事前，一定要先想一想，这是不是别人所需要的呢？如果不是，那就不要去添乱了，因为那样往往是帮了倒忙，结果就会让自己的好心得不到好报了！

58. 杞人忧天

春秋时期，有一个杞国人，整天忧虑天会塌下来，地会陷下去，使得自己无处安身，所以急得吃不下饭，睡不着觉。有个人见他这样忧虑，于是就开导他说："天不过是一大团聚集起来的气罢了。你整天都是在天的中间活动和休息，为什么还担忧天会塌下来呢？"杞人又问："那如果地陷下去了又该怎么办呢？"开导他的人说："地不过是堆集起来的泥土和石块罢了，你整天都在地上活动，为什么要担忧地会陷下去呢？"杞人一听，恍然大悟，这才放下心来。

心灵感悟

杞人的那些想法实在是很可笑，但今天的我们，有时候也经常和那个杞人一样，整天胡思乱想，让自己无法安宁下来。比如，期末考试如果都考得不好怎么办呢？以后如果找不到好的工作又该怎么办呢？其实，这些都不是我们现在该想的，只要我们尽力了，并享受了这个过程，至于结果，真的不是我们想象中的那么重要。

59. 黄粱一梦

相传唐朝有个姓卢的书生，进京赶考途中，住在邯郸城的一个旅店里面，遇到了一个姓吕的老道士。二人攀谈起来，谈话中，那位姓卢的书生，流露出渴望荣华富贵，厌倦贫困生活的想法，吕翁虽劝解了一番，但卢生感慨不已，难以释怀。于是，吕翁便拿出一个枕头来递给卢生，说："你枕着我这个枕头睡，它可以使你荣华富贵，适意愉快，就像你想要的那样。"卢生接过枕头，发现这是一个青色瓷枕。枕头两端，各有一孔。便将头枕在上面，睡了起来。

卢生刚刚睡下，就朦朦胧胧地发现枕头上的洞孔慢慢地大了起来，里面也逐渐明朗起来，卢生于是把整个身子都钻了进去。接着，他回到了自己的家里。过了几个月，他娶了一个老婆，姑娘家里很有钱，陪嫁的物品非常丰厚，卢生高兴极了，从此以后，他的生活变得富足起来。

第二年，他参加进士考试，一举得中，并进入了翰林学士。过了三年，他出任同州知州，又改任陕州知州。卢生在任陕州知州时，集合民众开凿河道80里，使阻塞的河流畅通，当地百姓都赞美他的功德。于是，没过多长时间，他就被皇上征召入京，任京兆尹，也就是京城的最高长官。

不久，爆发了边境战争，皇帝便派卢生去镇守边防。卢生到任后，指挥军队开拓疆土九百里，皇上很高兴，又继续提拔他，满朝文武官员都深为折服。

然而，卢生的功成名就，却招致了官僚们的妒忌。于是，各种各样的谣言都向他飞来，指责他沽名钓誉，结党营私，交结边将，图谋不轨。很快，皇帝便下诏将他逮捕入狱。与他一同被诬的人都被处死了，只有他因为有皇帝宠幸的太监作保，才被减免死罪，流放到偏远落后的地方。

又过了好几年，皇帝知道他是被人诬陷的，所以，又重新起用他为中书令，封为燕国公，加赐予他的恩典格外隆重。他一共生了五个儿子，都成为国家的栋梁之材，卢家成为当时赫赫有名的名门望族。此时的卢生地位崇高，声势盛大显赫，一时无双。

后来，他年龄逐渐衰老，屡次上疏请求辞职，皇上却不予批准。卢生将要死的时候，挣扎着病体，给皇帝上了一道奏疏，回顾了自己一生的经历并对皇帝的恩宠表示感激。奏疏递上去不久卢生就死了。

就在这时，睡在旅店里的卢生打了个哈欠，伸了个懒腰，醒了。他揉揉眼睛，摇晃几下头，发现自己的身子正仰卧在旅店的榻上，吕翁坐在他的身旁，店主人蒸的黄粱米饭还没有熟。触目所见，都和睡前一模一样。他一下子坐了起来，诧异地说："我难道是在做梦吗？"吕翁在一旁，对卢生不动声色地说："人生的适意愉快，也不过这样罢了。"卢生怅然失意了好一会儿，才对吕翁谢道："我现在对荣辱的由来，穷达的运数，得失的道理，生死的情形，都彻底领悟了。这个梦，就是先生用来遏制我的私心欲念的啊！谢谢先生的点拨。”

心灵感悟

这个故事看起来十分荒诞，原意是讽刺那些醉心于功名富贵的人，也要明白人生如梦，最后一切都成空。这个故事与另外的一个故事“南柯一梦”的意思非常接近，都含有嘲讽人的贪欲之意。

60. 天衣无缝

古时候，有个叫郭翰的人，他能诗善画，而且性格诙谐，喜欢开玩笑。有一年盛夏的一个夜晚，他在树下乘凉，但见长天如碧，白云舒卷，明月高挂，清风徐来，满院飘香。这时，一位长得非常美丽的仙女含笑站在郭翰面前。

郭翰很有礼貌地问："请问小姐是谁？从哪里来呢？"

仙女回答："我是织女，从天上来。"

郭翰问："你从天上来，能谈谈天上的事情吗？"

仙女反问："你想知道什么？"

郭翰说："我什么都想知道。"

仙女说："这可难了，你让我从哪里说起呢？"

郭翰说："人们都说仙人很聪明，你就随便说说吧。"

仙女说："天上四季如春，夏无酷暑，冬无严寒；绿树常青，花开不谢。枝头百鸟合鸣，水中游鱼可见。没有疾病，没有战争，没有赋税。总之，人间的一切苦难天上都没有。"

郭翰说："既然天上那么好，你为什么还跑到人间来呢？"

仙女说："亏你还是个读书人。你们的前辈庄子不是说过

‘在栽满兰花的屋子里呆久了，也闻不到香味’这句话吗？在天上呆久了，难免有些寂寞，所以偶尔到人间来玩了。”

郭翰又问：“听说有一种药，人吃了可以长生不老，你知道哪有这种药吗？”

仙女说：“这种药人间没有，天上到处都是。”

郭翰说：“既然天上多得很，你该带点下来，让人们尝尝有多好呀。”

仙女说：“带是带不下来。天上的东西，带到人间就失去了灵气。不然早就让秦始皇、汉武帝给吃了。”

郭翰说：“你口口声声说是来自天上，用什么能够证明你不是说谎话哄人的呢？”

仙女让郭翰看看衣服。郭翰仔细看完，发现仙女的衣服没有缝，所以觉得很奇怪。

这时，仙女又说：“天衣无缝，你连这个都不懂，还称什么才子，我看你是十足的大傻瓜。”

郭翰一听，便哈哈大笑，再一瞧，仙女已经不见了。

心灵感悟

这当然只是一个传说的故事，但从这个故事中，却寄托了人们心中美好的愿望，希望人间能够四季如春，没有疾病，没有战争，让所有的苦难都远离人间。然而，愿望终归也只是愿望而已。实际上，人们正是在同各种各样的苦难做斗争中增长自己的智慧的。

第七篇　智慧篇

61. 有勇无谋的子路

春秋时期，有一个人叫仲由，字子路，年轻时就以勇敢而闻名。后来，子路做了孔子的学生。孔子曾对别人说："自从我有了子路这个学生后，就再也没有人敢当面恶言恶语中伤我了。"

子路武功很好，却不喜欢读书。孔子劝他，他却说："南山的竹子，不用加工就是直的，砍下来做箭，可以射穿牛皮。干吗还要学习呢？"孔子对他说："如果把箭再加工一下，就会射得更远了。"但子路仍然听不进去。

有一次，孔子和颜渊（也是孔子的学生）、子路在一起时，孔子对颜渊说："如果得到朝廷的任用，就施展自己的抱负；如果不被任用，就藏身自爱，现在只有我和你能够做到这样吧！"孔子的这句话，当然是在赞美颜渊的修养。子路见孔子只赞美同学，却不赞美自己，便对孔子说："请问老师，如果让您统率三军的话，您又会找谁共事呢？"孔子回答道："那种空着两只手就敢打虎，没有什么工具就敢过河，即使死了都不知道悔改的人，我是不会找他共事的。我只定找那种遇事谨慎，善于运用智慧来谋划成功的人共事。"

后来，子路在卫国当官时，卫国发生内乱。孔子知道后说："哎，子路这一次有难了！"果然，子路在那一次内乱中，被叛军所杀。

心灵感悟

俗话说："狭路相逢勇者胜。"但仔细想想，这句话也是有问题的。从这则故事中，我们可以看出，子路的武功是极为了得的，而且十分勇敢，所以自从他做了孔子的学生之后，就再也没有人敢欺负孔子了。但这样的人，仍然没有得到孔子的赞美，最后还被乱军所杀。为什么呢？因为他缺少了一种东西，那就是智慧。

62. 能言善辩的晏子

春秋时期，齐国的相国晏子，能言善辩，非常机智。有一次，齐王派晏子出使楚国。楚王知道晏子要来，便对他身边的大臣们说：“晏子是齐国能言善辩的大臣，名气很大，现在正动身来我国，可他身高不足五尺，我想当面羞辱他一番，也好叫他知道我们楚国的威风，你们有什么妙计？”这时，有一个大臣附在楚王耳边，嘀咕了半天，楚王听后眉开眼笑，连说：“好，好！就这么办。”

于是，楚王命人连夜在城门旁凿开了一个五尺来高的小洞，然后吩咐守门的士兵说：“等齐国使臣来的时候，就把大门关上，让他由这个小洞进来。”过了不久，晏子到了，见大门没开，就把车停了下来，让人去叫门。守门的士兵说：“听说齐国使臣身材矮小，可以从小洞进城嘛，用不着开大门了。”晏子听后，哈哈一笑，说：“这明明是一个狗洞嘛，难道我是出使到狗国来了吗？”守门的人无话可说，只好打开城门，迎接晏子进去。

晏子拜见楚王时，楚王笑嘻嘻地说：“怎么，齐国就没人了吗？”晏子回答说：“不！光是我们齐国都城临淄就有几万人，要是人人都把衣袖张开，就能够把太阳遮住；每人呵一口气，天空就会出现一片乌云；每人挥一把汗，立刻就汇集成雨。行人肩膀挨着肩膀，后边人的脚尖踩着前边人的脚跟，怎么说齐国没有人呢？”楚王又问道：“既然齐国有那么多人，为什么单单派你这样的人来当使者呢？”晏子微笑着说：“我们齐国派遣使者有个规矩：有德有才的人，出使贤者为王的国家；没有出息的人，就出使庸者为王的国家。像我这样的人，当然出使到这里来了。”楚王一听，哭笑不得，觉得晏子的言辞确实厉害，不是好惹的，再和他辩论下去只会自取其辱，便恭恭敬欧敬地请晏子入席喝酒了。

心灵感悟

宴子在听到楚王的无理羞辱之后，并没有生气，而是冷静地运用恰当的比喻进行反击，使得楚王哑口无言。所以，很多时候，遇到问题时，一味地着急或生气是没有用的。只有冷静地分析，才能找出对方的破绽，从而找到制胜的方法。

63. 墨子守城

春秋末年，楚王想攻打宋国，命人叫鲁班制造了攻城的云梯。墨子知道这件事后，赶紧前去劝阻，他走了十天十夜才到达楚国的都城。他对楚王说："你如果攻打宋国，是不会取得胜利的。"楚王十分骄傲地说："鲁班是天下手艺最高超的木匠，他已经替我做好了攻城的云梯，我一定能把宋国攻下来。"墨子说："那么我就去帮宋国守城，你叫鲁班来攻，看他能不能取得胜利。"于是，两人在楚王面前演示，鲁班进攻，墨子守城，鲁班连攻了九次，墨子都赢了。

但是鲁班并不认输，他说："我已经知道对付你的办法了，只是我不想说出来。"墨子也说："我也知道你会用什么方法来对付我了，只是我不愿意说罢了。"楚王故作不解地问墨子："先生理解鲁班的意思吗？"墨子正气凛然地说："我当然理解——那就是把我杀掉！他以为这样做就没人帮助宋国守城了，就可以一下子攻下宋国了。但实际上，就算你们杀了我也没有用，因为我早已叫我的三百多个弟子运载着我的守城器械到了宋国，他们正等着你们呢！"接着，墨子又严肃而高声地说："你们到底打算怎么办？”楚王叹了一口气，无奈地说：“好吧，我们取消攻打宋国的计划。”这时，墨子才带着胜利的微笑，告别楚王而去。

心灵感悟

墨子守城的故事，实际上是战术和战略的完美结合。鲁班是当时天下手艺最高超的木匠，而墨子却能够赢了他，说明墨子比鲁班技高一筹；墨子不是宋国人，他和宋国也没有什么关系，但他却日夜兼程地赶去阻止这场战争，显示出了墨子博爱的思想。

64. 完璧归赵的蔺相如

战国时，赵惠文王得到了世间罕见的美玉——和氏璧。秦昭王听说后，想把美玉占为己有，便派人送信给赵王，骗他说秦国愿以十五座城池换取这块宝玉。

赵王想将宝玉送给秦国，却担心秦国不履行诺言；想不给，又怕得罪秦国。于是，便和大臣们商量对策，但也商量不出一个结果来。想找一个适当的人出使秦国，一时又找不到。这时，一个叫缪贤的大臣推荐自己的门客，说他可以担当出使秦国的任务。这个门客就是蔺相如。蔺相如见到赵王后，主动提出拿着宝玉出使秦国，并说："如果秦国把城池割让给赵国，我就把玉留在秦国；如果秦王不给城池，我一定把宝玉完整无缺地带回赵国。"赵王没有其他的办法，只好同意了。

蔺相如来到秦国见了秦王，献上和氏璧。秦王手捧美玉，满心欢喜，爱不释手，传给大臣和妃嫔们观看，却始终不提划给赵国十五座城池的事。

蔺相如等了很久，看出秦王并无诚意，便上前说道："这块美玉有点小毛病，让我指给您看。"秦王信以为真，便将璧传给蔺相如。蔺相如拿到和氏璧，便后退几步，背靠柱子说："大王只顾观赏宝玉，根本不提交城之事，可见您并无诚意，所以我将璧收回。大王要是逼迫我，我就撞死在这根柱子上，这块宝玉也一块儿撞碎。"秦王怕宝玉真的撞碎，赶紧道歉，并派人将地图拿来，装模作样地将准备给赵国的十五座城池的位置指给蔺相如看，还答应过几日就举行盛典，正式迎接和氏璧。

蔺相如见秦王并没有诚意，当天夜里便叫手下人将和氏璧送回了赵国。

过了几天，秦王召见蔺相如。蔺相如对秦王说："我看大王并无诚意换璧，因此我已经将和氏璧送回赵国了。我并不是想违约，秦国比赵国强大，如果大王您先交出十五座城池，赵国一定不敢不将宝玉拱手相送。我知道这样做是在欺骗您，所以请您把我处死吧。"秦王恼怒万分，但又无可奈何，心想，杀了蔺相如不但得不到宝玉，还把秦赵两国的关系给弄僵了。所以，秦王最后只好把蔺相如放回赵国。

心灵感悟

蔺相如用自己的智慧，不但巧妙地化解了一场危机，而且还使自己全身而退。所以，相互较量的双方，最终能够获胜的一方，靠的不仅仅是勇敢，还有智慧。

65. 百战百胜的白起

战国时期，善战的秦国名将白起有一次接到攻打魏国的命令，于是他准备率军去攻打魏国。当时，有个名叫苏厉的谋士知道这件事后，便赶紧去见周朝的国君，提醒他说："如果魏国被秦军占领，您的处境就危险了。"原来，这时周朝的国君名义上是天子，但实际上已经没有能力指挥各诸侯国了。魏国如被秦国消灭，秦国的势力就会更强大，对周天子的威胁也更大。所以，苏厉才建议周天子赶快派人去劝说白起不要进攻魏国。周天子也觉得苏厉说的很有道理，便问苏厉该怎么办，苏厉于是就将自己的方法告诉了周天子。没过多久，周天子便派人去给白起讲了一个故事：

传说楚国有个著名的射箭手，名叫养由基。当时还有一个名叫潘虎的勇士，也是射箭高手。有一天，他们两个人在场地上比赛射箭，许多人都围着观看。靶子设在五十步外，那里立起一块板，板上有一个红心。潘虎拉开弓，一连射了三箭，每箭都正中红心，围观的人群中发出一阵阵喝彩声。这时，养由基环视一下四周，说："射五十步外的红心，目标太近了，还是射一百步之外的柳叶吧！”说完，他就指着一百步之外的一棵杨柳树，叫人在树上选一片叶子，然后涂上红色作为靶子。接着，他拉开弓，“嗖”的一声射去，正好射中这片杨柳叶的中心。潘虎看后，又选择了三片杨柳叶，分别在上面用颜色编上号，然后再请养由基按编号次序去射。养由基拉开弓又射了三箭，全都射中了。潘虎这才口服心服。

然而，就在养由基感到十分得意的时候，旁边却有个人冷冷地说：“有了百步穿杨的本领，才可以跟我学射箭。”养由基一听，生气地转过身去问道：“那你准备怎样教我射箭呢？”那个人很平静地说：“我并不是来教你怎样弯弓射箭，而是来提醒你应该怎样保持好射箭的名声。你是否想过，一旦你力气用尽，只要一箭不中，你那百发百中的名声就会受到影响了。一个真正善于射箭的人，应当注意保持自己的名声，不要轻易就跟人比试！”养由基听了这番话，觉得很有道理，于是再三向他道谢。

白起听完这个故事后，心想：“我要保持自己百战百胜的名气，就不能轻易出战。”于是便借口有病，停止了向魏国进攻的计划。

心灵感悟

每个人面对自己过人的本领时，往往都会表现出志得意满的样子。但这样一来，就容易使自己由自信变成自负，盲目地自大。所以，故事中提醒养由基的那个人，的确是一个了不起的人，因为他能够让别人做到在成功面前保持一种低调的姿态。

66. 班超入虎穴

东汉明帝时，班超同匈奴打仗，立了大功，于是皇帝便对他委以重任，派他出使西域。班超先到了鄯（shàn）善国。鄯善国王知道班超来自汉朝，而且很有才干，对他十分敬重。但过了几天之后，国王却开始对他怠慢起来了。

班超感到形势不妙，便召集随行的三十六人研究对策。他分析当时的情况，说："最近，鄯善国王之所以对我们越来越冷淡，一定是匈奴也派人来和他联络了，所以使得他开始犹豫起来，不知道应该和谁好对自己更有利。我们现在已经处于十分危险的境地了。匈奴人才来了几天，鄯善国王就对我们的态度发生了明显的变化，说不定再过些日子，他就会把我们绑起来送给匈奴。到那时，我们的骨头就要被那些豺狼给吃掉了。大家说我们应该怎么办呢？"随行的三十六个人异口同声地回答道："不管是死是活，我们都听你的！"班超听后，十分激动地说："对！不进入虎穴，就得不到虎子。我们现在唯一的办法，就是杀掉匈奴派来的使者。而且越快越好，所以今天晚上我们就采取行动。这样，才能使鄯善国王归顺我们汉朝。"

于是，班超和他的随行们便于当天晚上对匈奴使者发动突袭，一举消灭了匈奴派来的使团。第二天，当班超提着那些匈奴使者的脑袋去见鄯善国王时，国王大吃一惊，并当即表示愿意永久归顺汉朝。

心灵感悟

班超正是凭着他过人的胆略和气魄，圆满地完成了自己的使命，从而维护了国家的和平，使老百姓过上安宁的生活。在历史上，有很多像班超这样的人，他们为了国家和人民的利益，不畏艰险，不怕牺牲，勇往直前，这种精神是永远值得我们学习的。

67. 背水一战的韩信

公元前204年，汉王刘邦派大将韩信和张耳，率领汉军去攻打赵国。赵王歇和赵国统帅陈余，率领20万兵马，集结在井陉（xíng）口（即现在河北省井陉山上的井陉关），准备迎战。

赵国谋士李左车向陈余献计说：“韩信这次领兵前来，一路上打了许多胜仗。他乘胜而来，势不可挡。但是他们经过长途跋涉，必定粮草不足，士兵吃不饱饭，战马也缺乏草料。而我们井陉口这个地方的山路很窄，车马很难通过。因此，我倒有个主意，我们可以派三万兵从小路截断他的粮车。你再把沟挖得深些，墙垒得高高的，然后固守营寨，不与他们交战。这样一来，他们前不得战，后不得退，用不了十天，我们就可捉住韩信了。”

李左车虽然说得条条在理，可陈余是个书呆子，不听从他的意见，反而说：“我读过不少兵法。兵法上说，兵力比敌人大十倍，就可以包围敌人；兵力比敌人大一倍，就可以和敌人对阵。现在汉军虽然号称几万人，其实只不过几千人而已，况且他们远道而来，疲惫不堪。我们的兵力超过汉军许多倍，难道还不能把他们消灭掉吗？如果今天避而不战，别人就会讥笑我胆小了。”

就这样，陈余没有采纳李左车的正确意见。

韩信探知陈余不用李左车的计策，十分高兴。于是就把兵马驻扎在离井陉口30里的地方。待到后半夜，韩信又派出2000名轻骑兵，每人带一面汉军红旗，从小路迂回到赵营的侧后方，在那里埋伏起来，准备袭击赵营。然后，韩信再派出10000人马作先头部队，沿着河岸摆开阵势。

陈余得知韩信沿着河岸摆开阵势后，哈哈大笑说：“韩信真是空有虚名，背水作战，不给自己留下后路，不是自己找死吗？”

天一亮，韩信便带领后队兵马，打出帅旗，大张旗鼓地向井陉口杀来，赵军立即迎战。交战后，汉军假装败退，抛掉旗鼓，向河岸阵地退去。陈余不知是计，率领赵军拼命追击。

这时，韩信预先在赵营侧后方埋伏的2000轻骑兵，见赵军倾巢出动，立即杀入赵营，拔掉了赵军旗子，换上了汉军的旗子。

赵军追得汉军退到了背靠河水的阵地上。汉军无路可退，于是便转过身来，一个个背水拼命死战。就在赵军久战不能获胜，士气开始低落时，忽然又发现自己背后的营垒上已经全是汉军的旗子，顿时军心大乱，纷纷逃跑。

紧接着，汉军乘机前后夹攻，大破赵军。不但杀了主帅陈余，还活捉了赵王歇。

战斗结束之后，有军士问韩信：“兵书上说，布列阵地要右后靠山，左前临水。这次将军却反而令我们背水为阵，而且还取得了胜利，这是什么战术呢？”

韩信说：“这也是出自兵法。兵法上说：‘陷之死地而后生，置之死地而后存’。这是因为，置之死地，兵士们为了保存自己的生命，必须拼死作战；如果留下生路，一和敌人交手，稍有不利，有的就可能逃跑了。”经过这场战役后，人们对韩信的谋略更加佩服了。

心灵感悟

韩信背水一战，将自己的军队置之死地而后生，结果以少胜多，大败赵军，实在是高明之极。但军事上的战术，很多时候是无法搬到日常生活中来运用的。韩信在战场上虽然是常胜将军，但他的人生却是失败的。战场上的胜利，使得韩信居功自傲，不给自己留下后路，最后被刘邦所害，实在可惜、可叹！

68. 诸葛亮借东风

公元208年，曹操亲自率领八十万大军南下，企图消灭刘表，征服孙权，捉拿刘备，统一全国。曹操的大军还未到，刘表就病死了，刘表的儿子刘琮由于无力抵挡曹操，只好投降。当时，刘备只有两万兵力，在诸葛亮的策划下，刘备和孙权联合起来抵抗曹操。最后，曹军和孙刘联军相持在长江南岸的赤壁一带。

诸葛亮和孙权的大将周瑜商讨破敌良策，两人不谋而合，都认为可以用火攻来打败曹操。可等一切都准备好后，周瑜却发现曹操的船只都停在大江的西北岸，而自己的船只靠南岸。这时正是冬季，只有西北风，如果用火攻，不但烧不着曹操，反而会烧到自己的头上，只有刮东南风才能对曹军发起火攻。周瑜眼看火攻不能实现，急得病倒在床上。这时诸葛亮去探望周瑜，问他为何得病。周瑜不愿说出实情，就说："人有旦夕祸福，怎能保住不得病呢？"诸葛亮早就猜透他的心事，就笑着说："天有不测风云，人怎能预料到呢？"周瑜听到诣葛亮话中有话，非常惊讶，就问有没有治病的良药。诸葛亮说："我有个药方，保证能够治好您的病。”说完，就在纸上写了十六个字，递给周瑜。周瑜一看，大吃一惊，原来这十六个字是：“欲破曹公，宜用火攻；万事俱备，只欠东风。”周瑜心想：“诸葛亮真是神人啊。”既然自己的心思已经被诸葛亮猜中，就只好向他请教破敌之策。由于诸葛亮拥有丰富的天文气象知识，他预测到近期肯定会刮几天的东南风，就对周瑜说：“我有呼风唤雨的法术，借给您三天三夜的东南大风，您看怎样？”周瑜高兴地说：“不要说三天三夜，只需要一夜的东南大风，便大功告成了！”

周瑜和诸葛亮谈完这一席话之后，病很快就好了。紧接着，周瑜命令部下做好一切火攻的准备，只要诸葛亮借来东风，就马上进兵。诸葛亮让周瑜在南屏山修筑七星坛，然后登坛烧香，口中念念有词，装作呼风唤雨的样子。半夜三更，突然狂风大作，周瑜急忙走出军帐观看，果然刮起了东南大风，于是连忙下令向曹营发起火攻。

周瑜的部将黄盖假意向曹操投降，率领船队向曹操军营急驶。当火船靠近曹军的军营时，黄盖一声令下，士兵们顺风放火。风助火势，火借风威，终于把曹营的战船烧得一干二净，岸上的营寨也被烧着，曹操兵马损失不计其数。在烟火弥漫中，曹操仓皇逃命，从小道中狼狈逃回北方，从此再也无力南下。

心灵感悟

诸葛亮的神奇一直为人们所传颂，并被誉为智慧的化身。而从他给周瑜“治病”的过程中，我们还可以看出，诸葛亮实际上还是一位优秀的心理学家。

69. 塞翁失马，焉知非福

战国时期，在与胡人相邻的边塞地区，有一位老人名叫塞翁。塞翁生性达观，为人处世的方法与众不同，但邻居们还是非常喜欢和他来往。有一天，塞翁家的马不知什么原因，在放牧时竟迷路，丢失了。邻居们得知这一消息以后，纷纷表示惋惜。都来安慰塞翁不必太着急，并嘱咐他要多注意身体。塞翁见邻居比自己还着急，于是笑着对他们说："你们不用担心我啦，不就丢一匹马吗？没什么大不了的，说不定还会带来福气呢！"

邻居们听塞翁这么说，心里觉得很好笑。自己的马丢了，明明是一件坏事嘛，他却认为也许是好事，显然是自我安慰而已。然而，没过几天，塞翁丢失的那匹马不但自动回来了，而且还带回来一匹骏马。

邻居们听说这件事后，非常佩服塞翁的预见，于是又纷纷向塞翁道贺说："还是您老有先见之明，您的马不仅没有丢，还带回一匹好马，真是福气呀。"

塞翁听到邻居的祝贺，不仅没有一点高兴的样子，反倒忧虑地说：“白白得到一匹好马，不一定是什么福气，也许还会惹出什么麻烦来呢！”

邻居们听到塞翁这么说，以为他故作姿态，纯属老年人的狡猾。白白得到这么好的马，心里高兴还来不及呢，怎么可能会有麻烦，他只是有意不说出来而已。

塞翁有一个独生子，非常喜欢骑马。他发现带回来的那匹马顾盼生姿，身长蹄大，嘶鸣嘹亮，剽悍神骏，一看就知道是一匹好马。因此，他便每天都骑着那匹马出游，乐此不疲，心里更是洋洋得意。终于有一天，塞翁的儿子因得意而忘形，竟从飞驰的马背上掉下来，而且摔断一条腿，造成终生残疾。

善良的邻居们闻讯后，都以为塞翁会因此而痛不欲生，因为他毕竟只有一个儿子，因此赶紧前来慰问。没想到塞翁又对邻居们说：“这没什么，虽然腿摔断了，但他还能保住性命，或许是福气呢。”邻居们听塞翁这么说，都以为他是悲伤过度，所以在胡言乱语。因为他们实在想不出，摔断腿还会带来什么福气。

一年之后，胡人大举入侵中原，边塞形势骤然紧张，国君下令国内凡是身强力壮的青年都被征去上战场，结果十有八九都在战场上送命。而塞翁的儿子因为是个残疾人，免服兵役，所以他们父子得以避免这场生离死别的灾难。

心灵感悟

“塞翁失马”的故事在经过世代相传的过程中，渐渐地浓缩成一句成语：“塞翁失马，焉知非福。”这个故事告诉我们，不管是好事还是坏事，都不是绝对的，在一定的条件下，坏事可以引出好的结果，好事也可能会引出坏的结果。所以，不要因为成功而得意忘形，因为这样往往会乐极生悲；也不要因为失败而灰心丧气，只要不断地努力，事情就会出现转机。

70. 名落孙山：传达坏消息的艺术

宋朝的时候，有一个名叫孙山的才子，他为人不但幽默，而且很善于说笑话，所以附近的人就给他取了一个“滑稽才子”的绰号。

有一次，他和一个同乡的儿子一同到京城去参加举人的考试。放榜的时候，孙山的名字虽然被列在榜文的最后一名，但毕竟是榜上有名，而那位同乡的儿子却没有考上。

不久，孙山就先回到家里，那个同乡知道孙山回来了，便赶紧过来打听自己的儿子有没有考上。孙山既不好意思直说，又不便隐瞒，于是，就随口念出两句不成诗的诗句来：“解名尽处是孙山，贤郎更在孙山外。”

解名，就是中国科举制度所规定的举人第一名。而孙山在诗里所谓的“解名”，实际上是泛指一般考上的举人。他这两句诗的意思是说：“举人榜上的最后一名是我孙山，您儿子的名字却还在我孙山的后面。”

心灵感悟

当我们去向别人传递一个坏消息时，如果直说，可能会让对方觉得很难受，或者很尴尬；如果不说，那就是隐瞒，日后对方也会怪罪于你。说也不是，不说也不是，该怎么办呢？这时就可以学一学孙山了，把自己的意思用一种幽默或者婉转的方式传达给对方，往往就会取得意想不到的效果。

第八篇　修养篇

71. 大公无私的祁黄羊

春秋时期，晋国有一个品行高尚的大夫，名叫祁黄羊。一天，晋平公召见祁黄羊，问道："如今南阳缺少一位县令，您看谁可以当这个县官呢？"祁黄羊略加思索，便开口说道："解狐这个人不错，他当这个县官，一定可以胜任。"对于祁黄羊的回答，晋平公感到很吃惊，因为解狐向来和祁黄羊不和，于是他不解地问祁黄羊："解狐不是你的仇人吗？您为什么还要推荐他？"祁黄羊微笑着答道："大王您问的是谁适合当南阳的县令，并没有问我谁是我的仇人呀！"晋平公认为祁黄羊说得很对，很快便派解狐到南阳去当县令。果然，解狐上任后，十分称职，并为当地做出许多好事，深受南阳百姓的好评。

不久，朝廷里又缺少一位法官，晋平公便再把祁黄羊叫来，向他问道："现在朝廷里正缺少一位法官，您看谁能担当这个职务呢？"祁黄羊考虑良久，很肯定地说："祁午能担当此任。"晋平公一听，又大吃一惊，因为祁黄羊推荐的人正好是他自己的儿子，于是便问道："祁午不是您的儿子吗？您怎么会推荐他呢？"祁黄羊又微笑着回答道："祁午确实是我的儿子，但大王您问的是谁能胜任这个法官的职务，而不是问祁午是不是我的儿子。”晋平公对祁黄羊的回答很满意，于是又派祁午到朝廷来当法官。果然，祁午当上法官后，始终公正执法，没有任何的偏私，成为老百姓所称道的好法官。

后来，孔子听说祁黄羊的事迹后，十分钦佩地称赞道：“善哉，祁黄羊之论也！外举不避仇，内举不避亲。祁黄羊可谓公矣。”

心灵感悟

由于祁黄羊拥有坦荡的胸襟和无私的心底，所以他才能够做到“外举不避仇，内举不避亲”，并因此而让自己的名声流传千秋万代。然而，很多人，尤其是那些所谓的“父母官”，表面上摆出一副大公无私、不计私怨的样子，背地里却尽干一些中饱私囊、公报私仇的勾当。这些人和祁黄羊比起来，又何止是天壤之别呢？当然，正所谓“天网恢恢，疏而不漏”，这些人最后的下场也是可想而知的。

72. 时刻反省自己的孔子

春秋时期，孔子带着学生周游列国，游说诸侯，宣传自己的治国主张。

有一次，孔子的学生子路在路上掉队，找不到孔子。这时，他看到一位老农民用拐杖挑着竹筐迎面而来，就冒冒失失地问老农说：“你有没有看到我的老师？”老农轻蔑地说：“那个整天不去劳动，连五谷都分不清楚的人，也配得上做你的老师？（原文是‘四体不勤，五谷不分，孰为夫子’）”说完，便扶着拐杖去除草，不再理会子路。子路只好拱着手，恭敬地站在一旁。

当天晚上，那个农夫便留子路到他家里住宿。第二天，子路赶上孔子后，便把这件事告诉了孔子。孔子说：“这是一个隐士啊。”然后叫子路又回去再看看他。但当子路又赶到那里时，那位农夫却已经走了。

心灵感悟

孔子是一个知识渊博的人，当他听到别人批评自己的话后，不但没有生气，反而还夸赞那个批评自己的人，并时刻反省自己，如此胸襟和气度，难怪后人会称他为“圣人”了！

73. 子罕以不贪为宝

鲁襄公十五年，宋国有个人得到一块宝玉，并将它献给子罕，但子罕却不接受这块宝玉。于是宋人便说：“这块宝玉我已经让玉工鉴定过了，玉工认为它是宝物，我才敢献给您的。”

子罕说：“我以不贪为宝，而你以玉为宝。现在，你把玉给了我，当然丧失了宝；如果我收下了你的玉，我也丧失了不贪这个宝。这样一来，双方都丧失了宝。所以，我们不如各守其宝。”

宋人见子罕坚决不收，只得实言相告：“小民若是留下这块宝玉，一定会得不到安宁，所以特地把这块宝玉献给您。”

子罕觉得那个宋人说得有理，便让一位玉工对这块宝玉进行了雕琢，并拿到市场上去卖掉，把卖玉所得的钱交给那个宋人，然后派人护送他回家。

心灵感悟

老子曾经把“仁慈”、“节俭”和“不敢为天下先”视为自己的“三宝”，并始终坚守着这“三宝”，所以使得孔子、庄子这样的大师也对他佩服得五体投地。而子罕以不贪为宝，显然和老子的思想一脉相承。如果我们在现实的生活当中，也能够向老子和子罕学习，学会控制自己的贪欲，那么我们的生活就会变得更加幸福和圆满了。

74. 韩延寿以仁慈感化百姓

韩延寿是西汉时期一个著名的官吏，他做官崇尚礼义，用教化来感人向善，用礼让来解决纷争。因为在淮阳太守任上政绩显著，于是朝廷便让他到更难治理的颍川担任太守。

有一次，他出去巡行，经过高陵县时，看见兄弟二人为了争夺田产而大打出手。韩延寿见此情景十分沮丧，他觉得这是对他一贯推行的礼义教化的巨大嘲讽。于是他说："我有幸成为这里的长官，却没给老百姓做出表率，百姓没有受到教化的熏陶，以致兄弟失和，这个责任全都是因为我无德无能造成的，我必须引咎辞职，关起门来好好反省和检讨自己的过失，听候朝廷的处分。"说完之后他就把自己锁在屋里不再出门，终日反省自己的不足。

韩延寿的行为，使当地的官员都不知所措，最后只好也一个个把自己捆起来，自投到监狱里表示请罪。这样一来，原来为争田产而大打出手的兄弟俩全傻了，连他们的家族也开始惶恐不安，指责他俩犯下了大错。兄弟俩被深深地感动，痛悔自己的错误，于是剃光了头，光着上身到韩延寿那里去请罪。俩人都表示愿将田产让给对方，希望韩太守能够原谅他们。韩延寿于是出门和县里官员及兄弟两个见了面，并大设酒宴与他们同欢共乐。

心灵感悟

一般情况下，很多大官出去巡行，发现什么问题时，都是责怪自己的手下没有把事情办好，然后开始处罚他们。而韩延寿作为当地的最高长官，看到兄弟俩为争田产而大打出手时，不但没有上前去责骂他们，也没有责怪自己手下的官员，而是反思自己的过错，用自己的仁慈去感化老百姓，实在是一位难得的好官。

75. 邹忌劝齐王纳谏

邹忌是战国时期齐国著名的政治家，后来被齐威王任用为宰相。齐威王即位之初，整天吃喝玩乐，不管朝政，听不到正确的意见，于是邹忌用讽喻的办法规劝齐威王，建议他多听一些不同的意见。

有一天，邹忌去见齐威王时，对齐威王说："我原以为自己长得很美，但是经过实际的观察和比较，知道自己并没有齐国有名的美男子徐公长得漂亮。但我的妻子、小老婆和客人，却都说我比徐公漂亮。后来我才明白，我的妻子是因为偏爱我，我的小老婆是因为害怕我，我的客人是因为有求于我，所以才说我比徐公漂亮。现在齐国有方圆上千里的土地，一百二十座城。宫里的妇女和随从，没有一个不偏爱您；朝廷里的臣子，没有一个不怕您；全国的人民，没有一个不想有求于您。这样看来，人家对您就总是不肯说实话，总是吹捧您，所以您老是受人蒙蔽啊！"

齐威王听了这些话之后，觉得很受启发，于是立即用奖励的办法广泛征求臣民的意见。他下令说："不论官吏或者百姓，凡是能当面说出我的过错的，受上等赏赐；上奏章规劝我的，受中等赏赐；在街头巷尾议论我的过失，被我听到的，受下等赏赐。”这样，臣子们纷纷前去给齐威王提意见，以致宫殿门前和庭院里热闹得像集市一样。齐威王在纳谏的过程中，努力整顿和改革政治，终于使齐国的国力不断上升。

心灵感悟

在现实的生活中，如果听到别人对你进行赞美，在高兴之余，不妨自问一下，别人的这些赞美是不是发自内心的呢？当然，不管别人的赞美是不是真实的，都要记得感谢他，只是自己要保持清醒的头脑。而对于别人的批评，不管是不是客观，也应时刻怀着一种谦虚的心态，有则加勉，无则改之。

76. 张良捡鞋的故事

张良是西汉初期著名的谋士。他年轻的时候，曾计划刺杀秦始皇，刺杀计划失败以后，便隐居到下邳（pī）（在今江苏睢宁西北）。有一次，张良在下邳的一座桥上遇到一位老人。老人走到张良前面，故意让鞋子掉到桥下去，然后对张良说："小伙子，你到桥下面去帮我把鞋子捡上来。"张良年轻气盛，刚想把老人的话顶回去，但转念一想，对方是一个老人，便不再计较，乖乖下去把鞋子捡上来。老人又对张良说："给我穿上。"张良一想，既然已经捡上来了，那就帮老人把鞋子穿上吧，于是又把鞋子给老人穿上。等穿好鞋子后，老人便笑着走了。但是，老人走出老远之后，又回来对张良说："孺子可教（意思是你这个小伙子可以教诲）！五天后一大早到桥上来见我吧。"

五天后，张良一大清早就去了桥头，却看到老人已经在桥上了。老人责备道："和长者见面，怎么能迟到呢？"于是，老人便叫他五天后再来。五天后，鸡刚叫张良就赶到桥上去，可是老人又先到了。老人还是责备张良来迟了，让他五天后再来。又过了五天，张良不到半夜就去桥上等，他等了好一会儿，老人终于来了。老人看到张良已经在那里等他了，十分高兴，于是就把一部《太公兵法》赠给他，并对他说："好好学习书中的内容，以后你可以当帝师。"说完，老人就走了。

张良得到这部兵书后，好像得到宝贝一样，回到家便日夜研究，反复琢磨，最后终于成为汉高祖刘邦的开国功臣。

心灵感悟

一个孩子，如果经常受到长辈和老师的批评、责备，其实也是一种幸运。因为这种批评和责备也是一种爱护的表现。试想一下，如果一个长辈根本就不在乎你，不管你做错了什么，都与他无关，他连理都懒得理你，怎么还会批评你呢？

77. 讳疾忌医的蔡桓侯

战国时期，有一位伟大的医学家，姓秦名越人。因为他的医术高明，又热心地替人们治病，于是人们便把他比作传说中的神医扁鹊，并尊称他为扁鹊。

有一天，扁鹊朝见蔡桓侯。他仔细察看了蔡桓侯的气色以后，说："大王，您有病了。现在病只在皮肤的浅表部位，如果不赶快治，就会加重。"蔡桓侯不以为然地说："我没有病，也不用治！"扁鹊走后，蔡桓侯对左右说："这些当医生的人，贪图利益，成天想给没病的人治病，好用这种办法来证明自己医术高明。"过了几天，扁鹊又去见蔡桓侯。他着急地说："您的病已经发展到肌肉里去了。如果再不医治，病还会加重。"蔡桓侯仍然说自己没有病，拒绝医治。扁鹊走后，蔡桓侯很不高兴。又过了十天，扁鹊再去见蔡桓侯。他看了看蔡桓侯的气色，焦急地说："大王，您的病已经进入了肠胃，不能再耽误了！"蔡桓侯连连摇头，说："见鬼，我哪来什么病！"扁鹊走后，蔡桓侯更加不高兴了。又过了十天，扁鹊再一次去看望蔡桓侯时。他只看了一眼，掉头就走了。蔡桓侯心里好生纳闷，就派人去问扁鹊：

“您去看望大王，为什么只看一眼就掉头走了呢？”扁鹊说：“病在皮肤里，可以用热敷来治好；病在肌肉里，可以用针灸来治好；病到肠胃里，还可以用汤药来治好。但是，现在大王的病已经深入骨髓，我也没法给他治了。”

果然，五天以后，蔡桓侯的病就突然发作了。他赶紧派人去请扁鹊，但扁鹊已经到别的国家去。没过几天，蔡桓侯就病死了。

心灵感悟

人吃五谷杂粮，难免不会生病。但生病并不可怕，只要及时治疗，都会慢慢地好起来。怕的是明明有病，却硬要说自己没病，不肯接受治疗，这就只能死路一条了。这和犯错误一样，只要活在世上，谁没有犯过错误呢？只要知错能改就好了，如果明明犯了错误，却死不承认，那么这个人也没救了。

78. 忍辱负重的陆逊

公元221年，蜀主刘备为了从孙权手中夺回战略要地荆州，并为关羽报仇，不顾诸葛亮、赵云等人的反对，亲率主力部队进攻东吴。战争开始，蜀军连战连捷，深入吴境达五六百里，一直打到彝（yí）陵，连营数百里，声势十分浩大。

孙权为了增强吴军的防御力量，提拔年轻有为的陆逊担任统帅，率朱然、潘璋、徐盛、孙桓各部共五万人马，迎击蜀军。

陆逊见蜀军士气高涨，又占据有利地形，便坚守阵地，不与蜀军交锋。当时，东吴的一支军队在夷道被蜀军包围，要求陆逊增援。陆逊却不肯出兵，并对众将说，夷道城池坚固，粮草充足，等我的计谋实现，那里自然解围。陆逊手下的将领见主将既不攻击蜀军，又不援救夷道，以为他胆小怕战，都很气愤。众将领中有的是老将，有的是孙权的亲戚，所以都不愿听从陆逊的指挥。

有一次，陆逊召集众将议事。他紧握着手中的剑对将军们说："刘备是一个狡猾的敌人，连曹操都忌惮他三分。现在他已经深入吴国境内五六百里了。诸位将军应以大局为重，同心协力，共同消灭这个强敌。我本是一介书生，既然受命为统帅，责任就是治理军队。国家之所以委屈各位将军，让我承担重任，是因为我有着微薄的能力，能忍受屈辱，承担重任的缘故。从今天起，请大家各负其责，不得推辞。军令如山，如果有不服从命令的，一律按军法处置。”陆逊的一席话，把众将领都镇住了，从此再也不敢不听从他的命令。

接下来，陆逊仍然采取以逸待劳的策略，打定主意坚守不战，时间长达七八个月。直到蜀军疲惫不堪，他才抓住有利时机顺风放火，烧掉刘备的连营，取得了最后胜利。而刘备兵败后便逃回了白帝城，不久后就病死了。

心灵感悟

陆逊忍辱负重，用一时的忍耐换来最后的胜利。从这个故事中，我们可以明白这样一个道理，凡是能够成就大事业的人，必然具有非凡的忍耐力。所以，能屈能伸实际上是一种上乘的智谋，是一个人自我修炼的境界。而忍耐更是一种以退为进的策略。

79. 桃李满天下的狄仁杰

唐代武则天当皇帝时，有一个宰相叫狄仁杰，字怀英，太原（今属山西）人。此人德高望重，敢于直言进谏，所以深得武则天的赏识，并称他为“国老”（武则天即位时，狄仁杰已八十多岁）而不直呼其名。就是上朝时，武则天也不让他跪拜，说：“见狄公下拜，我浑身都痛。”武则天还经常对其他大臣说：“不是特别重要的军国大事，你们不要去麻烦国老。”

武则天为了巩固自己的统治，采取多种措施，广罗人才，并让狄仁杰给他推荐能担任将相的人才。狄仁杰推荐了张柬之、姚崇等数十人，这些人后来多成了名臣。有人对狄仁杰说：“你真是一位了不起的人物，朝廷里那些有才能的大臣都是你推荐的，真是桃李满天下啊。”狄仁杰说：“推荐有才能的人为国家效力，不是为私，而且为公，这是我应该做的。”

公元700年，九十三岁的狄仁杰病死，武则天痛哭流涕。从此，每当朝廷有什么大事而众人又不能解决时，武则天常叹息说：“老天爷为什么这么早就夺去了我的国老啊！”

心灵感悟

在历史上，真正有智慧、有才能的人并不少，但能够被人们所记住，并一直传颂的人却并不多。究其原因，那是因为有些人虽然很有才干，但他的所作所为都只是为了自己，所以虽然他很有智慧，但他一死，人们很快就忘记他了。只有像狄仁杰那样，一心为公的人，才能够永远活在大家的心中。

80. 宠辱不惊的运粮官

唐太宗时期，有个负责运粮的官员，有一次运粮时，由于一时疏忽，导致运粮的船只全部沉没。到年终考核时，当时负责考核的官员卢承庆，奉命给下级的每个官员评定等级。由于评定等级关系到每位官员的升迁问题，所以大家都非常紧张。而那位负责运粮的官员，由于运粮时船只沉没这一事件，所以卢承庆给他评了个“中下级”，那位运粮官知道后，并没有流露出半点不高兴的神情。后来，卢承庆综合考虑到各种因素，认为沉船事件不是他一个人的责任，于是又将那位运粮官的级别改成了“中中级”，运粮官知道后，也没有流露出半点高兴的神情。卢承庆十分赞赏他这种宠辱不惊的态度，于是又将他的级别改成了“中上级”。

心灵感悟

明朝学者洪应明在《菜根谭》中曾这样写道："宠辱不惊，闲看庭前花开花落；去留无意，漫随天外云卷云舒。"意思是说，为人做事能视宠辱如花开花落般平常，才能不惊；视功名去留如云卷云舒般变幻，才能无意。这是古人立身处世的一种修养，同时也是我们今天所提倡的一种美德。

第九篇　礼仪篇

81. 礼贤下士的周文王

商纣王时代，有个足智多谋的人叫姜太公，又名吕尚。刚开始时，他也是商纣王手下的一位大臣，但由于没有得到重用，于是便辞官隐居在陕西渭水边。那里是属于周文王统治的地区，他希望能引起周文王对自己的注意，然后帮助他建立功业。于是他便想出一个怪招：用直钩钓鱼。不仅如此，直钩上连鱼饵也没有，而且离水面有三尺高。他一边钓一边自言自语："不想活的鱼儿，你们愿意的话就自己上钩吧！"

姜太公这种奇怪的举动很快就传到周文王那里，但周文王起初并不以为然，只是派一名士兵去打听一下情况。但太公并不理睬周文王派来的这个士兵，只顾自己钓鱼，并自言自语道："钓啊，钓啊，鱼儿不上钩，虾儿来胡闹！"

士兵无奈，只好回去将情况如实汇报给周文王，周文王听了士兵的汇报后，又改派一名官员去请太公来。但太公依然不答理。

周文王这才意识到，这个钓鱼的人必定是一位贤才，于是便决定自己亲自去请他来辅佐自己。为了表示对姜太公的重视，周文王斋戒三天后，才带着厚礼，前去聘请太公。太公见周文王诚心诚意来聘请自己，便答应为他效力。

周文王得到姜太公的辅佐后，周国很快就变得更加强盛，周文王死后，姜太公又辅佐周文王的儿子周武王灭掉商朝，建立了长达八百年之久的周朝。

心灵感悟

姜太公钓鱼，其实钓的不是鱼，而是在钓君王，结果还真让他给钓上了。那么，姜太公凭什么让周文王上了他的钩呢？其实很简单，凭的是他的智慧和能力。而周文王之所以愿意上姜太公的钩，也不是因为别的，而是因为他是一个礼贤下士君主。有了这个贤明的君主和智慧的臣子，国家自然就会强大起来了。

82. 孔子和渔夫

有一天，孔子和学生们在树林里休息。学生们在读书，孔子则在弹琴。这时，有一条船停在附近的河岸边，一位渔夫静静地听着孔子弹奏。孔子弹完后，渔夫便招手叫来孔子的学生子贡和子路，问了孔子的情况，又说了几句寓意深刻的话，然后转身就走了。

子贡把渔夫的话告诉了孔子，孔子追上渔夫表示要虚心求教。于是，渔夫就和孔子畅谈起人生的道理来。孔子谦卑地对渔夫说：“我愿意做您的学生，得到您的教诲。”渔夫没有答应他，独自划着船走了。这时，颜渊把车子拉了过来，子路请孔子上车。可是孔子仍然呆呆地望着渔夫远去的方向，直到水波平静下来，听不见桨声了，才登上车子。

子路问孔子：“我为您驾车已经很久了，不曾看见先生对人如此谦恭尊敬。就是天子和诸侯见到您，也是相互行礼，平等相待，而且您还带着自尊的神色呢。但今天，那个渔夫漫不经心地站着，而您却弯腰弓背，先施礼后说话，是不是太过分了呢？”

孔子说：“大凡遇到长辈而不恭敬，就是失礼；见到贤人而

不尊重，就是不仁。而那个渔夫对于人生的道理，可以说已经有了很深刻的体悟，我怎么能不尊敬他呢？”

心灵感悟

孔子作为当时最著名的教育家，拥有渊博的知识，并明白很多深刻的道理，却能够放下架子，向一个渔夫求教，难怪他会成为一代圣人了。如果我们也能够向孔子学习，见到不如自己的人，也要保持一份应有的尊重，那么我们的修养就会不断地提升了。

83. 不欺暗室的蘧伯玉

有一天晚上，卫灵公和夫人闲坐时，听见外面有辚辚的车马声，可是到了大门口声音却停了，过了一会车马声才又响起来。

卫灵公于是便问夫人："你知道这个人是谁吗？"夫人说："这是蘧（qú）伯玉。"灵公问："你怎么知道？"

夫人说："我听说：过君王的大门时要下车，以表示尊敬。忠臣和孝子不会在大庭广众时信誓旦旦，却在黑暗中改变自己的操守。蘧伯玉是卫国品行端正的大夫，仁而有智，对国家尽忠职守。他不会因为没人看见就忘记礼节的，所以应该是他了。"卫灵公于是派人去看个明白，果然是蘧伯玉。

但卫灵公却与夫人开玩笑说："你猜错了，不是蘧伯玉。"没想到，夫人一听马上就给卫灵公上酒道贺。灵公觉得奇怪，便问道："你为什么要向我道贺呢？"夫人说："刚开始我以为卫国只有蘧伯玉才有如此高尚的品行，现在知道还有一个和他一样的人，那么我们国家就有两个贤臣了。国家多贤臣，国家就多福分，难道不应该道贺吗？"卫灵公说："夫人说得太好了！"然后就把真相告诉了夫人。

心灵感悟

《弟子规》说："执虚器，如执盈；入虚室，如有人。"意思是说：即使拿着空空的容器，也要像盛满东西时一样小心翼翼；即使走进无人的空房子，也要像主人在家中一样，注意自己的举止。这几句话所写的，不就是蘧伯玉吗？如果我们在日常生活中，也能够像蘧伯玉一样，不论何时何地，或明或暗，或在人前，或于独处，都时刻警醒，努力提升自己的修养水平，我们就可以活得坦坦荡荡，并在处世中做到问心无愧了。

84. 让孔子愤怒的季平子

在奴隶社会中，等级制度在奴隶主阶级内部也十分森严。按照周礼规定，演奏乐舞的行列，天子可以用八佾（yì），即八行八列，共六十四人所组成的乐舞队进行演奏和舞蹈；诸侯则用六佾，共三十六人；卿大夫用四佾，共十六人；士则只能用二佾，即只有四人。如果谁违反了这些规定，就是违反了周礼，应该受到惩罚。

当时，鲁国有一个卿大夫，叫季平子。由于季氏世代为卿，权重势大，操纵着国家政权，国君实际上已在他的控制之下。作为卿大夫，他本来只能用十六人的乐舞队，可是他却自比天子，在自家的庭院里用六十四人的乐舞队奏乐和舞蹈。这件事被孔子知道后，孔子便认为季平子破坏了周礼。

有一次，孔子谈论季平子，在谈到这件事的时候，孔子愤怒地说：“他竟然敢在自家的庭院里违背周礼，用六十四人的乐舞队奏乐舞蹈，对这样的事情如果能容忍的话，还有什么事情是不能容忍的呢！”

心灵感悟

春秋时期是一个社会极不安定的时代，那个时候，整个社会已经开始乱套，丧失了规则与法度的约束。所以，才使得连孔子这样的圣人也开始愤怒，说出了“是可忍，孰不可忍”这样的千古名句。

85. 知恩图报的伍子胥

春秋时期，吴国的大将军伍子胥带领士兵要去攻打郑国。郑国的国君郑定公说：“谁能让伍子胥把士兵带回去，不再攻打我国，我一定重赏他！”可惜一连三天都没人想出好办法来。

到了第四天早上，一个年轻的渔夫跑来找郑定公说：“我有办法让伍子胥不来攻打郑国。”郑定公一听，马上问道：“你需要多少士兵和马车？”渔夫摇摇头说：“我不要那些，也不用食物，我只用我这根划船的桨。”

说完，渔夫便跑到吴国的军营中去找伍子胥。他一边唱着歌，一边敲打着船桨。伍子胥看到后，问渔夫：“年轻人，你是谁啊？”渔夫回答道：“你没看到我手里的船桨吗？当年我父亲就是用这根船桨救了你啊。”伍子胥想了想，便说：“我想起来了，以前我逃难的时候，一位渔夫救了我，我一直想报答他呢，原来你就是他的儿子。你怎么在这里呢？”渔夫说：“还不是因为你们吴国要来攻打我们郑国。郑定公说谁能让你们退兵，他就重赏谁。希望伍将军看在我死去的父亲曾经救过您的面上，就不要攻打我们郑国了。”伍子胥感叹一声，说：“是你父亲救了我，我才能当上大将军的。好吧，这个恩情我一定会报答的。”说完，伍子胥就下令撤兵回国了。

心灵感悟

这个故事中，能够化解一场干戈的，并不是兵马和武器，而是一支小小的、曾经帮助过别人的船桨。那么，我们一路走来，是不是也曾经遇到过自己的那根“船桨”呢？我们是否也一直心存感恩？是的，天地虽宽，而人生的路却充满了坎坷。所以，当我们遇到自己的贵人时，就好好地记住他吧，记一辈子！

86. 退避三舍的晋文公

春秋时期，晋献公听信别人的谗言，杀了太子申生，又派人去捉拿申生的弟弟重耳。重耳知道这个消息后，迅速逃出了晋国，在国外流亡十几年之久。经过千辛万苦，重耳来到了楚国。楚成王认为重耳日后必定会大有作为，就以国礼相待，把他奉为上宾。

有一天，楚王设宴招待重耳，两人饮酒叙话，气氛十分融洽。忽然，楚王问重耳："如果有一天，你回到晋国当上了国君，该怎么报答我呢？"重耳略加思索后说："美女待从、珍宝丝绸，大王您有的是；珍禽羽毛，象牙兽皮，更是楚地的盛产。晋国哪有什么珍奇物品献给大王呢？"楚王说："公子过谦了，话虽然这么说，可总该对我有所表示吧？"重耳笑了笑，说："要是托您的福，我以后真的当上了晋国的国君，我愿与贵国友好。假如有一天，晋楚国之间不可避免的发生了战争，我一定命令晋国的军队先退避三舍（一舍相当于三十里），如果还不能得到您的原谅，我再与您交战。"

四年后，重耳果真回到晋国当了国君，就是历史上著名的晋文公。而晋国在他的治理下，也日益变得强大起来。

公元前632年，楚国令尹子玉领兵进攻宋国，并准备向晋国宣战。宋国向晋文公求救，晋国立即出兵援助。当晋楚两军交战的时候，晋文公见楚军来势汹汹，直逼晋军驻地，立即命令军队向后撤退九十里。部下将士认为撤退是一种耻辱，并认为楚军已经疲惫不堪，应该立即进攻而不应该后撤。这时，晋国大夫狐偃向大家解释说："目前楚军并不疲惫。我们退避，是实现当年国君受楚王礼遇时许下的诺言。假若没有楚国的帮助，我们就不会有今天。现在后退九十里，就是为了报答楚国。要是我们撤退，他们还继续追上来，那就是他们理亏了。"

后来，晋军真的按照文公的命令，往后退了九十里，退到卫国的城濮时才驻扎下来。而楚军则在骄傲轻敌的子玉的指挥下，一再向晋军紧逼，结果被晋军打得大败而归。

心灵感悟

后退有时候是一种前进。为什么呢？因为后退，一方面是为了麻痹了敌人，使敌人认为我方不堪一击，于是变得骄傲自大，疏于防范；另一方面为了寻找更有利于我方作战的地形，比如晋军退到了城濮那个地方，就是对晋军有利，而对楚军则有害的一个地形。

87. 以礼结交大人的孔融

孔融生活在东汉末年，是孔子的二十世孙，在他四岁时就懂得把大的梨子让给哥哥吃，成就了“孔融让梨”的佳话。

十岁时，孔融跟随父亲来到了京城洛阳。当时的河南太守李元礼享有很高的声誉，除了当世名流或至亲世交，一般的来访者他都不接待。孔融听到这一情况，便决定去拜访李元礼。他来到李元礼的家门口，对看门人说：“请你进去通报一下，我是太守的亲戚。”守门人听说是太守的亲戚，只好进去禀报。等到见了面，李元礼就问他说：“你说咱们是亲戚，可我以前并不认识你，你说咱们是什么亲戚？”孔融回答道：“我姓孔名融，是孔子的后代。从前我的祖先孔子曾向您的祖先老子（李耳）请教过礼节问题，他们交情很深，因此，我和您也是世交呀！”

当时有很多宾客在座，大家对小孔融的这一番机灵话很惊奇，纷纷赞赏。但有一个叫陈炜的人，却不以为然，随口说道：“小时了（liǎo）了（聪明的意思），大未必佳。”机敏的孔融立即道：“是呀！想来您小时候一定是很‘了了’的了。”陈炜让孔融的一句话给噎住了，他如果承认自己小时候聪明，就说明自己现在没什么出息；如果想说自己现在过得还不错，就要承认自己小时候比较笨。

心灵感悟

相信读完这个故事之后，你也一定会为小孔融的聪明才智而拍案叫绝。其实，孔融的聪明还是次要的，真正让孔融流传千古的，恰恰是他的知礼和用礼！

88. 三顾茅庐的刘备

东汉末年，黄巾起义后，天下大乱，曹操坐据朝廷，孙权拥兵东吴，刘备听徐庶和司马徽说诸葛亮很有学识，又有才能，就和关羽、张飞带着礼物到隆中（今河南南阳城西，另一种说法为湖北襄阳城西南）卧龙岗去请诸葛亮出山辅佐自己建功立业。恰巧诸葛亮这天出去了，刘备只得失望而归。不久，刘备又和关羽、张飞冒着大风雪第二次去拜访。不料诸葛亮又出外闲游去了。张飞本不愿意再来，见诸葛亮不在家，就催着要回去。刘备只得留下一封信，表达自己对诸葛亮的敬佩，以及请他出来帮助自己挽救国家意思。过了几天，刘备吃了三天素，准备再去请诸葛亮。但关羽却说诸葛亮也许只是徒有虚名而已，未必有真才实学，不用去了。而张飞却主张由他一个人去叫，如他不来，就用绳子把他捆来。刘备把张飞责备了一顿，又和他俩第三次拜访诸葛亮。等他们赶到时，诸葛亮虽然在家，却正在睡午觉。刘备不敢惊动他，所以一直站着直到诸葛亮自己醒来，才坐下和他谈话。

诸葛亮在与刘备畅谈时，分析了当时的天下大势，向刘备提出了关于统一全国的“隆中”对策。他建议刘备先消灭割据的小势力，夺取荆州、益州作为基础，联合孙权，革新政治，积蓄力量，然后再谋取全国的统一。刘备采纳了诸葛亮提出的策略，并邀请诸葛亮出来辅佐自己。

从此，诸葛亮便以“鞠躬尽瘁，死而后已”的精神，辅佐刘备，最终帮助他统一了西南，与曹操、孙权形成了三足鼎立的局面。

心灵感悟

刘备与诸葛亮的乾坤绝配，虽然最后还是失败了，但刘备的礼贤下士和诸葛亮的知恩图报，却给后人留下了一段永远也说不完的佳话，让人回味无穷。

89. 破镜重圆

破镜重圆这个故事是由华阴人、隋越国公杨素的一段成人之美的佳话而来的。

杨素，字处道，在辅佐隋文帝杨坚结束割据，统一天下，建立隋朝江山方面立下了汗马功劳。他不仅足智多谋，才华横溢，而且文武双全，风流倜傥。在朝野上下都声势显赫。

隋朝在统一大业中，最后一个灭了陈朝，由于杨素破陈有功，所以隋文帝就乱点鸳鸯，把陈国的乐昌公主赐为杨素的小妾。杨素既仰慕乐昌公主的才华，又贪图乐昌公主的美色，因此就更加宠爱，并专门为乐昌公主营造了宅院。然而，乐昌公主却终日郁郁寡欢。

原来，乐昌公主与丈夫徐德言两心相知，情义深厚。陈国将亡之际，徐德言曾流着泪对妻子说："国已危如累卵，家安岂能保全，你我分离已成必然。以你这般容貌与才华，国亡后必然会被掠入豪宅之家，我们夫妻长久离散，各居一方，唯有日夜相思，梦中神会。倘若老天有眼，不割断我们今世的这段情缘，你我今后定会有相见之日。所以我们应当有个信物，以求日后相认重逢。”说完，徐德言把一枚铜镜一劈两半，夫妻二人各藏半边。徐德言又说：“如果你真的被掠进富豪人家，就在明年正月十五那天，将你的半片铜镜拿到街市去卖，假若我也幸存人世，那一天就一定会赶到都市，通过铜镜去打听你的消息。”

一对恩爱夫妻，在国家山河破碎之时，虽然劫后余生，却受尽了离散之苦。好容易盼到第二年正月十五，徐德言经过千辛万苦，颠沛流离，终于赶到都市大街，果然看见一个老头在叫卖半片铜镜，而且价钱昂贵，令人不敢问津。徐德言一看到那半片铜镜，便知妻子已有下落，禁不住涕泪俱下。他不敢怠慢，急忙按老者要的价给了钱，又立即把老者领到自己的住处。吃喝已罢，徐德言向老者讲述一年前破镜的故事，并拿出自己珍藏的另一半铜镜。两半铜镜还未吻合，徐德言早已泣不成声……卖镜老人被他们的夫妻深情感动得热泪盈眶。他答应徐德言，一定要在他们之间传递消息，让他们夫妻早日团圆。徐德言就着月光题诗一首，托老人带给乐昌公主。诗这样写道：

镜与人俱去，镜归人不归。

无复嫦娥影，空留明月辉。

乐昌公主看到丈夫的题诗，想到与丈夫咫尺天涯，难以相见，更是大放悲声，终日容颜凄苦，水米不进。杨素再三盘问，才知道了其中情由，也不由得被他二人的真情深深打动。于是他立即派人将徐德言召入府中，让他夫妻二人团聚。府中上下都为徐陈二人破镜重圆和越国公杨素的宽宏大度、成人之美而感叹不已。宴罢，夫妻二人携手同归江南故里。这段佳话被四处传扬，所以就有了破镜重圆的典故，一直流传至今。

心灵感悟

这个破镜重圆的故事不仅讲述了一个优美的爱情故事，更反映出古人成人之美的美德。所谓“赠人玫瑰，手有余香”，善于成人之美的人，别人自然也会给他美名。

90. 缅伯高千里送鹅毛

唐朝时候，地方官吏经常要向皇帝进贡礼物。当时，云南地方上有个行政长官要送一件礼物给皇帝，他心想：皇帝不缺金银珠宝，要送也得送一个稀罕的礼物。最后，他决定进贡一只天鹅。

他派一个名叫缅伯高的人，用竹篓背上一只天鹅，前往京城长安。缅伯高跋山涉水，日夜兼程，走了好多天，来到了沔（miǎn）阳湖（在今湖北省境内）边。在这许多天里，由于天鹅没下过水，所以浑身都脏兮兮的。于是，缅伯高便放下竹篓，抱出天鹅要给它洗洗澡。不料，天鹅一下子就挣脱了他的怀抱，扑棱一声就飞走了。缅伯高下意识地伸出手去抓，但却只抓到了一根羽毛，眼睁睁地看着天鹅飞走了。缅伯高又着急又害怕，伤心地大哭了一场。后来，他急中生智，怀揣着那根羽毛，赶往都城长安。

不久之后，缅伯高终于来到了长安，随着各地前来进贡的使臣去见皇帝。轮到缅伯高时，他手捧羽毛走上前去，为皇帝唱了一首歌：“天鹅贡唐朝，山高路途遥。沔阳湖失去，倒地哭号喲。上复圣天子，可饶缅伯高。礼轻情意重，千里送鹅毛。”皇帝一听，觉得莫名其妙，缅伯高随即讲出了事情的原委。皇帝听完了事情的经过，高兴地连声说：“缅伯高千里送鹅毛，难能可贵！难能可贵！”

由于缅伯高的才华和机智博得了皇帝的欢心，所以皇帝不但没有处罚他，反而奖赏给他很多东西。

心灵感悟

即使那只天鹅没有飞掉，缅伯高真的把它献给了皇帝，对于皇帝来说，这样的礼物也仍然是轻的，而真正重的其实是一个“情”字。所以，千万不要以送什么礼物来看待两个人的交情如何。比如，有的人可能给你送一部车子，但那一部车子对于他来说，可能只是九牛一毛的事；有的人可能只送给你一支普通的钢笔，但那支钢笔对于他来说，可能是他半个月的生活费用啊！实际上，送什么礼物其实并不太重要，重要的是情意是否到了。

第十篇　励志篇

91. 把书读破的孔子

春秋时的书，主要是以竹子为材料制造的，把竹子破成一根根竹签，称为竹简，用火烘干后在上面写字。竹简有一定的长度和宽度，一根竹简只能写一行字，多则几十个，少则八九个。一部书要用许多竹简，这些竹简必须用牢固的绳子之类的东西连起来才能阅读。如果是一部很厚的书，那就得由许许多多竹简连起来的，因此有相当的重量。

孔子是一个很喜欢读书的人，他花了很大的精力，才把《易经》全部读了一遍，基本上了解了书中的内容。不久之后，孔子又把《易经》读了第二遍，掌握了书中的基本要点。接着，他又读了第三遍，对其中的精神、实质有了透彻的理解。在这以后，孔子为了深入研究《易经》，也为了给弟子讲解，不知把这部书翻阅了多少遍。这样读来读去，把串连竹简的牛皮带子也给磨断了几次，不得不多次换上新的再使用。

即使读到了这样的地步，孔子还是谦虚地说：“假如让我多活几年，我就可以完全掌握《易经》的精髓了。”

心灵感悟

千百年来，孔子勤奋读书的故事，一直激励着无数的后人。今天的我们在读书的时候，如果也有孔子的这种精神，那么书本上的内容就可以完全理解，到考试时，不管碰上什么样的题目也难不倒我们了。同时还能做到学以致用，将自己所学到的东西灵活运用到实际的生活当中，真可谓是一举两得啊！

92. 祖逖闻鸡起舞

晋代的祖逖（tì）是个胸怀坦荡、具有远大抱负的人。可他小时候却是一个不爱读书的淘气孩子。进入青年时代，他意识到自己的知识太贫乏，深感不读书就无以报效国家，于是就发奋读起书来。他广泛阅读书籍，认真学习各种知识，终于使自己的学问大大的长进。

后来，祖逖和幼时的好友刘琨一起担任司州主簿。他与刘琨感情深厚，不仅常常同床而卧，同被而眠，而且还有着共同的远大理想——建功立业，成为国家的栋梁之材。

有一天半夜里，祖逖在睡梦中突然听到公鸡的鸣叫声，他一脚把刘琨踢醒，对他说："别人都认为半夜听见鸡叫不吉利，我偏不这样想，咱们干脆以后听见鸡叫就起床练剑吧！"刘琨欣然同意。于是他们每天凌晨听到鸡叫后就起床练剑，剑光飞舞，剑声铿锵。冬去春来，寒来暑往，从不间断。工夫不负有心人，经过长期的刻苦学习和训练，他们终于成为能文能武的全才，既能写得一手好文章，又能带兵打胜仗。祖逖被封为镇西将军，实现了他报效国家的愿望；刘琨做了征北中郎将，兼管并、冀、幽三州的军事，也充分发挥了他的文才武略。

心灵感悟

所谓“宝剑锋从磨砺出，梅花香自苦寒来”，任何人的功夫和学问，都不是一生下来就有的，而是经过后天不断的学习和磨练得来的。所以，当你看到别人走向辉煌时，请记得他曾经一个人在黑夜里默默地攀登着。

93. 歧路亡羊

杨朱是战国时期的一位著名学者，人称杨子。有一次，杨子的邻居丢失了一只羊，于是，这家人便全家人都出去找羊，同时也请杨子的仆人帮着一块儿去找。

杨子说："唉，不过是丢掉一只羊而已，何必要让那么多人去找呢？"丢羊的人说："因为岔路太多了。"

那些找羊的人回来后，杨子问道："找到了没有？"他们回答说："没有！"杨子问："为什么找不到呢？"他们说："岔路中间又有很多岔路，我们不知道羊往哪一条岔路上走，所以就回来了。"

杨子听了，很有感触，脸上露出了很不愉快的神色，沉默了很长时间，整天都没有笑容。人们觉得特别奇怪，便对杨子说："羊又值不了多少钱，更何况丢的也不是你家的羊，你为什么这么闷闷不乐呢？"但杨子并没有回答。

当时，有一个名叫心都子的人在一旁边听了之后，说道："道路因岔路多了，容易使羊丢失；学者因为不能专心致志，可能会迷失人生的方向。（原文是：'大道以多歧亡羊，学者以多方丧生。’）杨子闷闷不乐的原因难道你们还不明白吗？”

后来，人们便把“大道以多歧亡羊”演变成“歧路亡羊”这句成语。

心灵感悟

心都子真是一语道出了杨子的心思，同时也道出做学问的真理。我们今天很多人就是这样，今天对这个感兴趣，于是就学习这个；明天对那个感兴趣，又开始学习那个……这样下去的结果是什么也学不到。所以，不管我们学什么，都要专心致志，不要轻易改变自己的志向，这样才能够学有所成。

94. 千里之行，始于足下

老子是春秋时期著名的哲学家，被称为“中国哲学之父”。关于他的名字，有很多有趣的传说。据说老子的母亲理氏有一天正在村头的河边洗衣服，忽见看见河上飘来一个黄澄澄的李子。理氏忙用树枝将这个拳头大小的黄李子捞了上来。到了中午，理氏觉得又热又渴，便将这个李子吃了下去。从此，理氏便怀了身孕。理氏怀了八十一年的胎，最后生下一个男孩。这个男孩一生下来就白眉白发白胡子。因此，理氏便给他取名叫“老子”。老子生下来就会说话，他指着院子中的一棵李子树，对母亲说：“李就是我的姓了。”

后来，老子做过周朝的“守藏室之史”的官，负责管理朝廷的藏书，因为这个缘故，老子的知识越来越渊博，在当时名声很大。孔子年轻时曾经专门拜访过老子，向他请教周朝的礼仪。

老子写过一本只有五千字的书，名字是《道德经》。书中既讲天道，又讲人道，几乎囊括了社会上所有的问题，讲了很多能启发人的道理。其中有这样几句：“合抱之木，生于毫末；九层之台，起于累土；千里之行，始于足下。”意思是说，双臂合抱的大树，是从细小的幼芽开始长成的；很多层的高台，是从第一筐泥土开始垒起来的；千里远的路程，是从脚下第一步开始才能达到的。

心灵感悟

老子不愧是我们中国伟大的思想家，他用生动的事例，为我们说明事物都是从小到大，不断发展变化的过程。就像我们现在虽然还很小，但我们的身上却拥有无限的潜能，以及很大的发展空间。所以，加油吧！未来有无限的可能。

95. 亡羊补牢

战国时期，楚国有个名叫庄辛的大臣。他见朝中有几个大臣整天围在楚襄王身边，与楚襄王一起纵情淫乐，就对楚襄王说："您那些心爱的臣子，奢侈浪费，如果不果断地处置他们，楚国必然要遭殃呀！"楚襄王听了，不以为然地说："我看你是老糊涂了吧，要不然就是存心造谣。"庄辛说："如果大王您继续宠信那些奸臣，那么楚国很快就要灭亡了！"

由于楚襄王不听劝告，庄辛便离开楚国到赵国去了。后来，楚国果然遭到了秦国的进攻。由于楚国内部空虚，很快就失去了一大片国土。楚襄王被迫逃到城阳（今河南息县西北），这时他才想起庄辛的话，连忙派人去把庄辛请来。庄辛回到楚国之后，楚襄王内疚地对他说："现在事情已经弄成这个样子，你看怎么办才好呢？"庄辛回答说："羊跑了才去修补羊圈，也不算迟。（原文是：'亡羊而补牢，未为迟也。'）我听说从前商汤王、周武王只有方圆百里的国土，但最后却能够治理成为一个强大的国家；而夏桀、商纣王虽占有整个天下，却最终亡了国。大王您要牢牢记住这个教训：重用奸臣，一定会导致灾难的！"

楚襄王听了庄辛的这番话后，觉得很对，于是马上封他为阳陵君，不久就收复了大片的土地。

后来，人们便根据庄辛的“亡羊而补牢，未为迟也”这句话，缩略成“亡羊补牢”这句成语。

心灵感悟

贵为国君的人都会犯错误，更别说是我们这些普通的人了。但是，犯了错误并不可怕，只要我们能够从这些错误中吸取教训，它就会变成为我们生活中的经验。所以，请记住，一个完美的人，并不是一个从不犯错误的人，而是一个善于补救过错的人。

96. 锲而不舍，金石可镂

荀子是战国末期的著名思想家，他主张把学习与实践结合起来。在《劝学》这篇文章中，他认为渊博的学问来源于实践，是后天一点一点地积累起来的。他列举了许多生动的实例。他认为：不积累半步一步的路程，就不会到达千里之外的目标；不积累一点一滴的流水，就不会成为河流。良马一跃，所跳的距离也不会超过十步；但劣马一天天坚持不懈地跑，积十天的路程也能达到千里。用刀子刻东西，如果刻几下就放弃了，那么即便是腐烂的木头也不会断；如果一直不停地刻下去，那么即使金石也可以刻穿。

心灵感悟

什么叫功到自然成？那是一种坚持不懈的努力的结果。什么叫皇天不负苦心人？那是一种对自强不息的人给予的回报。所以，只要立定了自己的志向和目标，那就朝着自己的目标前进吧！不要说自己的脚步太小，也不要说自己的速度太慢，只要你不停下来，总有一天会达到自己的目标。

97. 望洋兴叹的河伯

相传，很久很久以前，黄河里有一位河神，人们叫他河伯。河伯站在黄河岸上，望着滚滚的河水由西而来，又奔腾跳跃向东流去，便兴奋地说：“黄河真大呀，世上没有哪条河能和它相比。我就是最大的水神啊！”这时，有人告诉他：“你的话不对，在黄河的东面有个地方叫北海，那才真叫大呢。”河伯说：“我不信，北海再大，能大得过黄河吗？”那人说：“别说一条黄河，就是几条黄河的水流进北海，也装不满它。”河伯固执地说：“我没见过北海，我不信。”那人无可奈何，告诉他：“有机会你去看看北海，就明白我的话了。”

秋天到了，连日的暴雨使大量溪水都汇集到黄河里，黄河的水面顿时阔大起来，隔河望去，连对岸的牛马都分辨不出来了，十分壮观。这一下，河伯更得意了，以为天下最壮观的景色都在自己这里。他在自得之余，想起了有人跟他提起的北海，于是决定去那里看看。

河伯顺着黄河东下，终于到了北海。河伯向东望去，见海水茫茫，无边无际，大惊失色，不禁“望洋向若而叹”（若，指海神）：“俗话说：‘道理懂得多一点的人，便以为自己比谁都强。’说的就是我啊！我如果不到你这里来看一看，那就糟糕了，我将永远被那些有学问、有见识的人讥笑。”

心灵感悟

很多人总是以为自己听到上百条道理之后，便认为天下再也没有人能比得上自己了。但实际上，道理是直的，但道路却往往是弯的。所以，要想真正明白那些道理，就必须不断地去实践。也就古人所说的既要“读万卷书”，更要“行万里路”。

98. 愚者千虑，必有一得的李左车

秦朝灭亡以后，项羽和刘邦展开了一场持续五年的“楚汉之争”。公元前204年，汉王刘邦为了统一全国，派韩信去开辟北方战场，攻打属于项羽势力范围的赵地。赵王歇和他的大将成安君陈余，听到韩信率兵来攻打自己，就聚集了二十万兵力，准备与韩信决战。这时，赵国谋士广武君李左车向陈余献计，但陈余不听。韩信知道后，就立即指挥部队进军，终于以少胜多，全歼赵军，杀死陈余，并活捉赵王歇。

事后，有人把李左车送来，韩信向李左车请教说：“我现在要北攻燕国，东伐齐国，请问该怎样做才能获得成功？”李左车再三推辞之后说：“我听说，即使是很聪明的人，在许多次的考虑中，也必定有一次是会失算的；即使是很愚笨的人，在许多次的考虑中，也必定有一次是会成功的。我虽然很愚笨，但希望我的计策能对您有用。依我看来，不如先在赵国进行修整，犒劳将士，安抚赵国兵士的遗孤，然后再做出北向燕国进兵的姿态，一面派一个口才好的人到燕国去，向燕王陈述利害关系，燕国必定不敢不从。燕国如果听从了，再向齐国示威，齐国必定会闻风生畏。”于是，韩信根据李左车的计策，修正自己的计划，最后终于取得成功。

心灵感悟

李左车说自己很愚笨，当然是自谦的话，因为如果他真的很愚笨，他就无法当上谋士了，因为谋士这个职业是具有高级智慧的人才能够担当和胜任的。但他这番自谦的话却说得很有道理，所谓“智者千虑，必有一失”，所以即使你再聪明，也千万不要因此而骄傲自大。当然，即使你觉得自己很愚笨，也不要因此而自卑，只要多学习，多思考，总会不断进步的，到时候别人自然就会对你刮目相看了。

99. 学海无涯，艺无止境的薛谭

战国时候，秦国有个名叫薛谭的年轻人，他的嗓音很好，而且非常热爱音乐。于是，他四处拜师，立志要成为一名出色的歌唱家。后来，他拜秦国著名的歌手秦青为师，经过一段时间的刻苦学习后，他歌唱的水平有了很大的提高。薛谭觉得自己已经学得差不多了，可以出徒了，就对秦青说：“老师，这些日子给您添麻烦了，现在我学得也不错了，我打算明天就回家去。”秦青心里有些失望，但仍然不动声色地说：“好吧，明天我给你送行。”

第二天，秦青在郊外摆酒为薛谭送行。告别的时候，秦青打着拍子，唱了一支略带悲伤的歌曲。高亢的歌声，震动了树木，飘向空中，仿佛天空中飘动的白云也被这歌声阻挡而停止不动了。薛谭听了老师精彩的演唱，才意识到自己的盲目自满是多么愚蠢，于是惭愧地说：“老师，我原来以为自己的水平和你差不多了，现在才知道差得太远。请老师原谅我吧，我想继续跟着您学习。”秦青听了很高兴，于是继续把薛谭留在身边。从这以后，薛谭一直虚心地跟随老师学习，再也不敢说已经学成的话了。

心灵感悟

不管学什么东西，当我们自认为已经学成的时候，就是开始停止进步的时候。所以，请记住，学海无涯，艺无止境。而那些大师之所以能够成为大师，并不是他比别人聪明多少，他只是始终没有停止学习罢了。

100. 不事逢迎不靠冰山的张彖

唐玄宗到晚年时，由于宠爱杨贵妃，不理朝政。这样一来，杨贵妃的家族便开始发达了，她的堂兄杨国忠做了宰相，还兼任四十多个官职，大权在握，朝廷选任的官员，基本上都是他说了算。

当时，陕西有一个名叫张彖（tuàn）的进士，没有机会做官。于是他的朋友们都劝他去投靠杨国忠，以便获得升官发财的机会。可是他始终不去，并对他的朋友们说："你们都把杨国忠看得像一座泰山，可是我以为他只不过是一座冰山罢了。将来天下稍有变化，他就会垮掉，好比冰山一遇到太阳就会化掉一样，到那时这座靠山就失掉了。"

果然，不久之后，安禄山发动叛乱，并攻下京城长安，唐玄宗逃往四川。在唐玄宗逃亡的路上，杨国忠被士兵杀死，无奈的唐玄宗也将杨贵妃赐死。至此，杨家的这座靠山终于倒下了。

心灵感悟

不要以为找到了靠山就可以万事大吉，从此可以高枕无忧了。从这个故事中，我们不难看出，即使是身为皇帝的唐玄宗也靠不住，最后他连自己最宠爱的杨贵妃也给赐死了。所以，在我们的生活中，不管是朋友也好，父母也罢，我们都只能靠得了一时，却靠不了一辈子。而我们的幸福和快乐，只有靠我们自己去创造、去争取，才能够真正得到。而且，这样得来的东西，才真正有意义。